U0921321

疏通力

让事情
照你的方式进行

[日]新将命 著
张金婷 译

民主与建设出版社

图书在版编目（CIP）数据

疏通力 / （日）新将命著；张金婷译. --北京：民主与建设出版社，2018.4

ISBN 978-7-5139-2083-4

Ⅰ.①疏… Ⅱ.①新… ②张… Ⅲ.①人际关系学—通俗读物 Ⅳ.①C912.11-49

中国版本图书馆CIP数据核字（2018）第061252号

疏通力
SHUTONGLI

出 版 人：李声笑
著　　者：（日）新将命
译　　者：张金婷
责任编辑：胡　萍　吴优优
特约策划：杨丽娜
特约编辑：周　维
封面设计：主语设计
出版发行：民主与建设出版社有限责任公司
电　　话：（010）59417747　59419778
社　　址：北京市海淀区西三环中路10号望海楼E座7层
邮　　编：100142
印　　刷：长沙鸿发印务实业有限公司
版　　次：2018年4月第1版
印　　次：2018年4月第1次印刷
开　　本：880mm × 1230mm　1/32
印　　张：7
字　　数：148千字
书　　号：ISBN 978-7-5139-2083-4
定　　价：35.00元

疏通力
十大须知

1. 事前疏通并非跻身组织的小动作，而是让组织动起来的必备技能

在贸易以及国际政治世界中，无论是东方还是西方，重要议事无一不是经过事前疏通决定的。当然也有人把事前疏通与串通舞弊或公司内部政治等同视之，持否定态度，但职场人一定要具备出色的疏通能力。

2. 只讲求人情的事前疏通并不足以通用

一切社会活动，大家追求的就是好结果。虽然人情也是在实现最终目标过程中的一个重要因素，但就整体而言，东方人都过于在意人际关系以及人情世故，而疏于学习高水准的协调技能。

3. 事前疏通中，背负大义方可成功

利（Benefit）＜理（Logic）＜大义（Cause）。理胜于利益，大义胜于理。简单说来就是，不把视角放在“I（我）

和 You（你）”对立的利益上，而是追求“We（我们）”的共同利益，用长远的眼光来说明逻辑关系，这才是背负大义的出色协调者的基本姿态。

4. 事前疏通的步骤

事前疏通的步骤，世界通用。

第一阶段：巩固赞成派

第二阶段：拿下关键人物，笼络中间派

第三阶段：攻陷反对派

注意，胜负往往取决于第二阶段

5. 和讨厌的人事前疏通，更需要花费时间、态度谦和

与自己讨厌或是不善交往的人进行事前疏通时，要兼顾理和利益。越是你不喜爱、不善交往的人，越是能够成为你拉拢中间派的关键。

为此，有时就要不厌其烦地笼络中间派。

6. 事前疏通并非说服他人，其中 50% 在于努力让对方表达出他的意愿，积极倾听才是基本姿态

请注意，事前疏通的最初环节，信息采集占 80%，说服

对方占 20%。

探寻以怎样的形式才能让方案顺利进行以及怎样协调双方的妥协点，也是事前疏通的机能，说服环节通常都是在选定妥协点之后。

不假思索地向对方摊牌是最失败的交涉，要获得对方的认可，首先要做的就是了解对方的想法。俗话说得好，“知己知彼，百战不殆。”

7. 事前疏通时，即便取得过半数的支持也并不意味着稳赢

在世界通用的疏通准则中，确保获胜的安全系数是 75%。

如果是会议现场表决，过半数就意味着胜利。但在非正式的事前疏通中，如果最终环节出现临时倒戈，就是前功尽弃。因而，自己进行事前疏通时，千万别忘了你的对手也在做着和你一样的事。

8. 事前疏通并不是一次成功就意味着所有

事前疏通是由 3T 支撑的，它们分别是 Trust（信任）、Talk（沟通）、Timing（时机）。也就是说，为了博得对方的信任，就要在合适的时机讲清事情的来龙去脉。

对于已经交涉过的对象，必须要坚持汇报后续情况，这是世界通用的疏通准则的基本要求。一切不利于信赖关系的行为都不可取。

9. 切忌用邮件进行事前疏通

事前疏通的重要原则就是F to F(Face to Face面对面)。

那些用邮件进行事前疏通的人，会被别人认为是无知，往往不被看好。这是常识。在事前疏通中，邮件沟通是一种风险很大的方式。

10. 疏通力最终拼的就是人格魅力

请一定要记住：看清这个人再做决定。

这和交情或亲疏关系无关。而是通过说话的态度、言谈举止来判断一个人，认可他的能力，让自己内心生出信任他的想法。

在疏通的过程中，能够形成一种共识——“要是那个人说的话我就赞成”，一定不是源于人情世故，而是大家被此人的人格魅力感动了。

目录

CONTENTS

疏通的必备要素

疏通——就是要拿下关键人物

疏通的18条实务技巧

成为有话语权的人！

·前 言·

疏通，是为了让事情照你的方式进行

说到“事前疏通”，大家可能都会认为它是讲面子的私下活动，但事实绝非如此。虽然不同国家对此的称谓有所不同，但事前疏通的确是全世界企业都在奉行的准则。

很多人都知道，在外资企业中做 PPT（即简报）的机会非常多，且这些简报的成果会直接影响公司对于个人的考评。全球化企业中，因为员工与总部高层的接触机会甚少，这些有限的做简报机会往往就决定了个人考评的成绩。

事实上，有些人，日常事务处理得也不错，业务上也有成绩，就因为向高层做简报时表现不佳，而境遇堪忧。

简报的成功与否，就是由事前准备决定。俗语有云：“Well preparing is well done （有备无患）。”做好充分的事前准备，总会让你无往不利。通过事前向关键人物寻求意见，例如“这次简报中，我想提出这样的方案，您觉得怎么样”，至少做到让自己的简报内容不至于到遭人反对的地步。

这个事前的准备工作就是“事前疏通”。

在英语中，把事前准备或协调表示为“Homework”。虽然这是一项非正式活动，但结果能否令人满意往往取决于它。可以说，“Homework”是实现最终目标的过程中一个不可或缺的因素。

我曾经的下属中有一位业绩超群的销售部长。

他每年都会向有长期业务往来的客户送去自己亲笔书写的生日贺卡。即便对方有人事调整或是已经调职，他仍会坚持，始终秉承 “买卖不成仁义在”的准则，结果，他在客户中的评价逐年上升。就这样，几年以后，当客户作为负责人重新回到原来的部门时，自然就与他构建了比以往更密切的业务往来关系。

这件事也属于 Homework，是“事前疏通”的一个成功案例。

“事前疏通”的精髓在于，K（关怀）、K（谨慎）、S（事前准备）[1]。这是全球通用的准则。

[1] 此处英文的缩写都是基于原文字，即取原日语词汇的罗马字母的首字母。分别是：Kigubari（気配り），Kidzukai（気づかい），Sitajyunbi（下準備）。

根据我 50 年的职场经验来说，没能取得好结果，80% 都在于当事人违反“原理原则”[1]。“事前疏通”也是这个“原理原则”中的一条。

当我们构思一项全新的想法、计划或行动时，越是史无前例，越是大胆，在实现的过程中，“事前疏通”的必要性就越高。

仅在日常工作范畴内，按照惯例处理事务，并不需要“事前疏通”。因此，“事前疏通”对于那些有热情且具备革新思维的人才而言，是一项必备技能。

坦言一段我自己的失败经验吧。我曾经有过这样一段痛苦的经历：因为事前疏通不足，遭到美国总公司开除，被免除社长一职。

有一句话：“Tall trees catch much wind（树大招风）。”日文中也有类似表达，即“出る杭は打たれる”（字面解释为露在外面的桩子会被敲）。从事需要热情且具备革新性的工作往往要经历种种阻力和曲折。而“事前疏通”对于这些积极向上的商

[1]“原理原则”出自于稻盛和夫的《活法》，书中有以下内容：“事业的‘原理原则’在哪里？不在公司的利益或面子，而是看怎么做对社会和世人有利。为消费者提供优质的产品和服务才是企业经营的根本，也就是所谓‘原理原则’。”

务人士而言，就是一门让他们免于“招风”的技能，也是他们应当具备的商业智慧。

本书的主题是怎么让事情照你的方式进行。

我认为，完全“给面子”的疏通如同正在消逝的古老文化一般，已经与我们渐行渐远了。但同时，我们也必须承认，即便是现在，“事前疏通”依然被作为一种企业文化，顽强地留存下来，但凡职场人，倘若忽视了它，工作将毫无进展。

因而本文也将指出“事前疏通”文化存在的问题，同时详细叙述作为一名职场人应当采取的应对方式。

世界一流的人才必然具备一流的疏通能力。

疏通能力与沟通技术或营销术一样，都是职场人必须具备的基本技能。既然是基本技能，那么提升这样的技能也就可以说是成为一流职场人的必要条件了。

商业在全球化过程中日新月异，仅止于本国之间的商务活动越来越少。人们在商务活动中，都陆续开始接触到各种客户，各种主管抑或是各种下属，不得不利用疏通技能的场合也与日俱增。

请各位借此机会，以成为一名优秀的疏通者为目标前进吧。

另外，本书列举的具体事例中出现的人物、公司名等，因部分牵涉到隐私，为避免他人困扰，将以匿名方式进行陈述。

新将命

如何
提出对方无法
拒绝的条件！

＋＋

（使用该技能取得好结果
是世界共通的做法）

1. 台面下的正式沟通，让事情顺利

在美国总公司的经营会议上坚决反对！两个月被解除社长职务

"解除日本分公司社长的职务！"

二十年前，担任全球知名企业（这家公司是当时世界最大的消费品生产商家之一）日本分公司社长的我，收到了这个来自美国芝加哥总公司的解聘通告。

理由得追溯到解聘事件发生的前两个月。当时，我出席了芝加哥总公司的董事会。会议上，在坐成一排的总公司各大董事们面前，我非常坚决地陈述了自己的反对意见："无论怎么说，本次总公司要求执行的方针，只要我还是日本分公司的社长，就绝不会执行！"言语间还摆出一副就快要拍案而起的样子（其实已经拍了）。

结果，总公司当机立断，以“不服从总公司方针”这么一个简明的理由，将我开除。

虽然解聘事件发生后的半年，我就到另一家外资企业的日本分公司担任社长，之后又担任该公司美国总公司的副社长一职。但是，被免职的事情，着实让我大受打击，颓丧了良久。

专业的棒球名将野村克也常说这么一句话：“赢可以赢得莫名其妙，但输一定不能莫名其妙。”在我看来，其实工作也是如此。可以说“成功可以莫名其妙，而失败绝不能莫名其妙”。

作家中岛敦在他的作品《名人传》中说道，失败之中定然隐藏着从成功之中无法得到的经验教训。想要从失败中总结教训，就必须要明确失败的原因。所有事情必然存在“因果关系”，结果一定和先前所做的事离不开，毕竟“有因才有果”。

我清楚地知道，导致我此番境遇的就是两个月前我在董事会议上的表现。但我并不明白我的发言到底有何不妥。是发言的内容不合适？发言的方式不对？还是我的发言本身并不存在任何不妥，我被解聘仅仅是因为总公司的某些不可告人的黑幕？

听了朋友的话，我才深感自己疏通得的不够

被解聘后的起初那段时间，我坚信“我没有错，错的是开除我的总公司”。但是，两三个月之后，我渐渐冷静下来，开始思考：“或许，我自身的做法也存在某些错漏。我是不是忽略了什么呢？”

另外，这时候，公司里有几位朋友发起了“召回新先生”的内部活动。因而我决定找他们谈谈，听听他们的意见。

朋友们表示：“基于你的立场，你的发言并无不妥。但总公司也有必须改变政策的考量。”同时，他们也向我说明了一些公司内部情况。他们的话让我明白，倘若我没有未经思考地说出那些话，而是在会议前，事先疏通过，应该就可以避免被免职的结局了。

在会议上讨论并做出决策，是美国的企业文化。基于这样的文化习惯，美国人认为，在会议上沉默不语的人，要么是没有能力，要么就是没有认真对待会议、打算敷衍了事。

因此，与其一句话不说，不如设法讲些个人观点。但即便如此，对于那些在董事会上公然反对总公司决议的员工，美国公司大概也不会大度到愿意保住他们。

我想朋友们传达给我的意思是，如果我私下主动做些沟通协调，就能了解公司提出该政策的背景或真正意图，即便在会议上提出异议，也可以找到比较合适的切入点，或者，也可以通过事前协商，让董事们成为自己的“同盟”。

疏通力在各种事务中都是必备技能

人们总会认为，事前疏通就是给面子，但事实绝非如此。疏通力被看作是处理各项事务的必备技能，在很多的欧美国家也是如此，只是程度或形式上有些差异。

回到之前的事件，其实那时的我，已经在外资企业供职许久，积累了相当丰富的职场经验，但如果不是遭遇了被免职，我大概不会对“虽然是美国公司的会议，但事前疏通也是必需的”一事有如此强烈的认识。

在经营学中，有世界通用的“原理原则”理论。同时，商务世界里没有技巧可言也是世界共识。疏通也是这个“原理原则”中的一条。而如何在疏通中将理所当然的事贯彻到底是保证成功的基石。

那么，在疏通中需要执行到底的究竟是什么事呢，下面我将逐一展开介绍。

疏通并非浪费时间，疏通力是必备技能

疏通就是事前准备

常有企业负责人来找我谈论拓展国际市场的问题。对此，我最常说的一句话就是“拓展国际市场的成功与否就在于事前疏通是否到位”。也就是说，事前的准备和调查工作很关键。如果能通过事前疏通和当地人建立起良好的人际关系，收集有利情报，切实掌握当地市场的情况，就能够因地制宜，那么，成功打入当地市场绝非难事。

1972 年，中美建交就是依靠无数次的事前疏通促成的。

虽然表面看来，促成建交的是当时的美国总统——理查德·尼克松，但如果没有国务卿——亨利·基辛格多次访问中国，做好充分的事前准备工作，为尼克松铺设道路，事情是无法如此顺利的。但是，因为基辛格行事低调，所以全世界把注意力都集中到了首次访华的尼克松总统身上。

“事前疏通”往往被人们理解成阴险或负面的事情。这可能是因为“事前疏通”本质上是台面下的动作。因此，人们希望“事前疏通”能无则无，许多人都认为它是“见不得人的手段”。

从经营学中的“原则原理”出发，“事前疏通”中确实存在着一些与之不相匹配的地方。对此，我无可争辩。但如果因此就全盘否认事前疏通的做法则是大错特错。试想，倘若基辛格的协调行为在事前就已经被发现，那么中美建交应该就岌岌可危了。

在欧美国家，没有人会对台面下进行的疏通产生抵触或厌恶的情绪。所以没有人会觉得台面下努力与中国交涉的基辛格（对这个人的评价我们暂且不问）是背着大家做手脚，做了些见不得人的事。

注重好结果，优质疏通力是基本技能

努力工作最终只为求得好结果。

用莎士比亚的话来说就是：“只要结局是好的，那么一切就好了。”

无论是世界通用的疏通还是普通事前疏通，它们都是为实现好结果的一种手段，这一点恒久不变。游说活动中，说客们利用一切可利用的情报网络，不辞辛劳地奔波动员政治家们，最终目的也不过是为了让客户端的业界人士获得最大利益。

如果游说活动，也就是疏通是为了获得最好的结果的一种手段的话，那么，疏通力的历练就变得极为重要了。

倘若我们回到一切事物的原点，抛下人情包袱，将注意力更多地投放到实现结果上，那么就能让世界通用的优质疏通力成为我们个人的一种基本技能。

疏通也遵循 AIDMA 法则[1]

品牌战略和疏通是相通的

在我任职于可口可乐公司市场部期间，曾经负责过一个品牌导入的工作。那就是时至今日仍旧为大家所熟知的饮料——“雪

[1] AIDMA 法则是由美国广告人 E.S. 刘易斯提出的具有代表性的消费心理模式，它总结了消费者在购买商品前的心理过程。消费者先是注意商品及其广告，对那种商品感兴趣，并产生出一种需求，最后是记忆及采取购买行动。英语为“Attention（注意）——Interest（兴趣）——Desire（消费欲望）——Memory（记忆）——Action（行动）”，简称为 AIDMA。

碧”的市场导入。那时的我带领整支品牌团队，走遍全日本，为这个案子投入了相当多的资源。

之所以提到这件事，是因为我认为品牌战略和疏通有很多相通之处。这两者都是“沟通”，倘若行动违反了沟通原理，无论多努力，终究是白忙一场。

我们也可以说，商场上的失败有 80% 源于沟通不足。

品牌战略通常是依赖广告宣传，将大量的商业广告投向消费者，而疏通基本上采取一对一的沟通方式，表面看上去似乎大相径庭，但实际上，无论是目标还是采取的行动，这两者都基本相同。

按照我的理解，整体把握品牌战略可以分成三个阶段。

第一阶段，首先让顾客知道有这样一件商品（提高商品的知名度）

“哎呀，原来有这么个商品啊”“我好像听过（见过）这个商品”，说白了，这个阶段的目标就是尽可能地发掘会这么说的顾客。

第二阶段，让顾客觉得这是他们喜欢的商品（提升商品好感度）

这个阶段应该致力于让人们体会到“雪碧”的魅力，比如“有清凉的感觉”“看上去洋气”“品牌的图标好酷”等等。

第三阶段，让顾客认同商品的价值产生共鸣（塑造品牌价值）

力求让更多的人爱上这个商品，并且积极地向朋友们宣传“我一直喝这个”“这个喝起来不错”。

以上这三个阶段就是营销学常说的“AIDMA”，即消费心理模式。AIDMA 中的 A 是关注（Attention），就是说先要获得关注；I 是兴趣（Interest），就是让人产生兴趣；D 是渴望（Desire），也就是让人产生“我想要”的欲望；M 是记忆（Memory），也就是让人记住；最后的 A 是行动（Action），也就是让人心动变行动，达成战略目标。

疏通其实和营销学的“AIDMA”有着一样的步骤。不管你有多好的想法或是计划，要是不能让团队认可的话，就无法付诸行动。因此，我们就要进行疏通。而这个协调工作就要从将这个议案、计划或者想法的存在让别人关注（Attention）开始。

这一点和品牌战略的第一步基本一致，但因为这个阶段是单方面的告知，我们并不能期盼疏通的对象能够完全赞成。要是我们一开始就铆足了劲说服对方，反而可能会起反作用。在这个阶段重要的是，向对方传达有这样一个计划，不需要透露具体的细节，简单带过就好。

进行到第二阶段时，要让疏通的对象了解你所提出的议案、计划和想法能够带来的利益。具体说明你的想法有助于解决目前存在的问题，或对于事情进展有着不可小觑的效果。

最为重要的在于第三阶段，让对方对你提出的议案、计划或想法表示赞同，从而让对方与你站在同一阵线。

“雪碧”的品牌战略中，为了提升顾客对商品的好感以及共鸣度，比如，让他们觉得雪碧比其他公司的清凉饮品更为酷、炫等等，我们做出了许多努力。努力达成让客户们不仅自己购买，还有将这个商品推荐给别人的意识，用现在的话来说，就是致力于发展支持者。

综上所述，高水准的疏通和品牌战略两者的实现过程和方式基本上一致。

成功的关键在于沟通技能

无论是品牌战略还是疏通都需要沟通，因此沟通能力相当重要。当然也不单纯是沟通，市场营销中CS（满足顾客）以及CSR（企业社会责任），都是支撑沟通的力量。

我个人总结的沟通理论如下：

第一，沟通从倾听开始。

第二，重要的不是你说了什么，而是你向对方传达了什么。

第三，真正的沟通必须是面对面进行。

特别是其中的第二条，若是在这条上有所疏漏，很容易引起与事前疏通中经常出现的问题一样——对方根本没在听。

人们总是误以为，只要自己向对方逻辑清楚地表达出自己的主张，就等于沟通。但实际上，沟通是为了传递信息，无论你单方面说了多少，如果并不能传达给对方，说了也是白说。不要忘了，信息是否正确传达的决定权并非握在说话人手中，而是在听话人手里。

跟不上！有 80% 以上原因出在疏通能力不合格上

Bad news first（坏消息要尽早通知）

我在壳牌石油（现在的“昭和壳牌石油”）工作时，某个周五傍晚，和我关系不错的一家代理商告诉我，我负责的一家代理店倒闭了。但据我所知，这位倒闭的客户才刚刚和我们订下不少汽油和轻原油。交货日期就在下周。能够在出货前知道这个消息真是不幸中的万幸。不然，我们将会有大量的库存积压，而且运送车辆也早都安排好了。

原本的出货时间安排在周一下午。但我认为，利用周末两天为这批汽油和轻原油寻找客户并非难事。在我熟识的客户中，若是有几家代理商愿意接收这批产品的话，我们就可以解决库存积压的问题，也不必取消原先调度好的车辆。

那天，主管出差，当天不会回公司。我心想："与其去叨扰主管，不如先做好善后工作，周一的时候再汇报就好。"所以就直接安排行动了。然后，到了周一，我自认为干了一件漂亮事，意气风发地向主管汇报了周五傍晚以来的所有事情。

没想到，主管的脸色越来越难看，对我说了这么一段话。

"你为什么不早点汇报？周五晚上也好，周末也好，但凡你想联系我的话都是没问题的啊。"

我事先已经做好了主管会这么说的准备，所以他说这些话我并不意外。但下面的话着实让我大吃一惊。

"你什么都不说，就会让人怀疑你是不是隐瞒了什么更严重的事情。就比如说这件事情的处理，就算别人怀疑你用了什么不正当的手段，你也百口莫辩。”

原本以为自己成功平息了一场麻烦，却不想换来一顿训斥。就好比打高尔夫的时候，救球不成，反倒让球掉进沙坑了。总之，我在这件事里得到了教训。

越是紧急事态，事前疏通就越发重要

那时的我还自我安慰地想：“一定是因为周一主管心情不好。我才倒霉扫到了台风尾。”

但等到自己有了下属，我才深刻体会到，那次被批评并非是因为主管心情不好或自己倒霉。

只要是在分工明确、等级分明的团队组织内工作，未经主管同意而擅自行动就是违反规定。

那时主管之所以训斥我，是因为我违反了身为一个职场人的基本原则。不仅如此，我想他那时候一定很想对我说：“越是发生紧急事态的时候，越是要按部就班地与相关人员进行事前疏通。”

突发状况发生时，大多数人会和当时的我一样，认为事态紧急必须尽早解决，根本不是实施事前疏通那种冗长烦琐过程的时候。但实际上，越是紧要关头，越是要迅速采取沟通。正因为身处团队内，所有的工作都需要相互配合，就更需要第一时间将消息传递下去，以便发挥出组织的最大效率。

回头想想，事发时我其实可以及时向主管报告倒闭的消息，等待主管指示。当然，若是有能够解决问题的好方案，将它汇报给主管，获准后付诸行动，就更好了。

要想将紧急工作做得顺心，这个程度的积极性是必须具备的。因而，疏通力也就变得不可或缺。

这里我想说的是，我并不是在宣扬官僚或形式主义，而是强调“事前说一声”，即迅速进行事前疏通的重要性。

越是优秀的职场人，越需要有疏通力

一般说来，那些对工作有自信且具备创新思维的职场人，大多数都是积极型。这绝对是优点，但要是过度积极，就很容易和周围人发生摩擦，引来他人的反感。

也就是所谓的“树大招风”。

不过真正杰出的人才，不会因为担心得罪别人，就不去挑战新事物。我认识许多前辈，他们都甘愿冒着“招风”的危险，不畏冲突和摩擦，艰难地挺过来，最终成为优秀的企业家。他们这样的精神，值得现在的职场人多多学习。

“出头的木桩被敲打”是没错，但“不出头的木桩就容易腐烂”。

不过，一直被“敲打”总归是不愉快的经历，因而大家还是要掌握不被打的技能。在日本，这项技能就是指“事前疏通”。

事先取得别人认同，这个过程本身就是力争不走弯路的手段。因而成功地使用疏通力，即便是出头的木桩也不会被打，并且可以使自己的新颖想法得以实践。

2. 上司不按你的构想进行，你会怎样？

在董事会上提出周全计划，不料却迎来意外阻力

团队的决议最终都会在最高决策会议（比如，董事会，并且很多公司的最高决策者就是董事长兼总经理）上通过。

试想，你呕心沥血想出了一个十全的计划，为的就是让公司一蹶不振的业绩起死回生，或者解决一个很大的难题。

你对这个计划非常有自信。坚信只要这个计划付诸实践，定然能够使得公司目前一蹶不振的业绩迅速回升。

平日里鲜少夸赞他人的主管在听到你的汇报后，竟然也不吝赞美之词。主管迅速地把你的计划提交到执行董事那边，执行董事也觉得值得一试，表示赞同。

然后，终于到了执行董事将这份计划向董事会提出的那一天。这个计划一旦实施必定能够恢复公司的业绩，这点显而易见，因此你坚信董事会一定会认可。但现场却发生了预想不到的情况。

虽然有上司的拼命解释，但周全的计划却变为徒然

“这个计划和我们部门的定期活动有一部分重叠，该怎么调整？”

“这个计划不错，但目前的年度计划中没有这项预算。这部分预算该从哪儿来？”

“计划的实施必须要重新配备人手，人员怎么安排？公司最近业绩下滑，正在进行企业重组，目前并没有多余的人力。”等等。会上，各部门一个接一个地质疑计划的可行性，被质问的执行董事费尽唇舌，拼命解释，还是没法说服所有人，计划也落得一个被废弃的遗憾结局。

听说了会议结果的你几乎不敢相信自己的耳朵。愤愤不平地说：“这些人脑袋里究竟在想些什么！”但仔细想想你是不是忽略了什么？

不错，正是没有事前疏通。列席最高决策会议的人，都肩负着要为公司做出最好决策的使命（至少我认为是这样）。但谁也无法否认一个公司里各个部门之间常常会有强烈的竞争意识。表面上相互协助，但私下里则相互牵制，这是真实写照，所有公司几乎都是如此。

因此，即便你提出一个好方案，也有可能因为参加决议会的人之间的派系或个人因素而遭到否决。他们不允许对手先声夺人，习惯性地让自己心里那些吝啬却也可以理解的情绪占上风。

既然最高决议会充满不可知的变数，那么唯有通过事前疏通，才能增加提案的通过率。试想，你事先向大家提出自己的想法，动之以情晓之以理，到了正式会议，即使有不顺利的状况发生，也至少有人愿意站出来打圆场："其实撇开执行上的冲突，这个计划本身对于我们公司整体是有益处的。"这样一来，不仅可以使现场气氛得以缓解，也可以提醒应当为公司做出最好决策的人自身所肩负的大义和使命，让他们可以重新审视计划本身。

只要疏通奏效，即便在最高决议会里没有强有力的同盟，会议现场也不至于出现强烈反对。一般情况下，"没有什么强烈的反对意见"，基本上也就是代表被认可了。

要想事先对最高决议会上的关键人物进行疏通，让他至少不反对，我接下来要讲的这一点就极为重要了。那就是“有备无患（Well prepared is well done）”。

一个出色的协调者，必须讲求“天时”“地利”“人和”

正确的时机就是礼仪

几年前 NHK（日本放送协会）播出的大河剧《天地人》，剧名就是取自“天时”“地利”“人和”这三个词中的第一个字。

“天时”“地利”“人和”出自《孟子》（天时不如地利，地利不如人和），意思是说：“作战时，即便拥有得天独厚的气候条件，也抵不过地理优势。地理环境再优渥也敌不过人心向背。”也就是说它们三者的关系是：天时 < 地利 < 人和。但在疏通中，“天时”“地利”“人和”三者处于同一位置，需要将它们全方位灵活地加以运用。

要做好事前疏通首先必须挑准时机。

在美国有这么一条大家都默认的准则：周五傍晚不能向主管提出拜托事项或是报告坏消息。

这是因为周五傍晚，人们往往都会安排周末和家人出门游玩的事情或是做些外出娱乐的准备，或者已有预定行程，要和朋友碰面。

无论是哪一种，人们都处于一种即将投入到放松娱乐的雀跃之中，若在此时提出一些不轻松的话题，由于主管的心已然不在工作上，即便是和你讨论了，结果往往也不会是好的。因而，要想和主管讨论一些拜托事宜或是棘手的个案，应该安排在工作激情比较高的周一早上。

那些精通事前疏通准则的人都十分重视时机的把握。但这并不是说“Friday evening”原则就可以凌驾于“bad news first”原则之上。也就是说，原则上“周五傍晚不拿问题打扰主管”，但遇上紧急情况依然必须遵循“坏消息尽早汇报”的原则。

尽可能地选择可放松的场所

战争中取得地理位置的优势往往对获胜更有利，这是古今中外的铁律。

话虽如此，但因为实施疏通的是我方，所以基本上都是我们去对方那里。完全由我们安排见面场所是有相当的难度的。所以刚刚提到的“地利”，经常是由对方主导的。

但事实上，还是可以利用些小技巧来让我们拿回主导权的。我还在美国总公司任职那会儿，常常因为对方的一句“好久没见啦，一起喝一杯吧”，就被请到对方常去的酒吧了。

如果是旧相识，我们指定场所就相对容易。先由我们来确定一个可以放松的地方，然后再邀请对方，这就是一个行之有效的方法。因为是邀请对方来，所以全部按照自己的情况来安排地方也许也不易，但还是尽可能选择那些可以让我们放松的场地。

如果实在没法选择到最佳场所，也可以退而求其次，选择一个中立的场地。要尽量避免那种“对对方而言是最好，而对我方却很难放松的地方”。也就是说，最好是选择我方的主场，如果不行，比起去对方的主场，不如选择一个中间地。

最有利的疏通就是信任

正常来说，要去进行事前疏通的一方，会有身处下风的感觉，但真正出色的人，是可以通过疏通来让整个团队都行动起来的。我的下属中就有这么一个擅长动员的人。

应对现场发生的问题时，现场主管会有两种解决方法：一种是立马向总公司报告请求支援，而另一种则是凭借一己之力解决。从结论上来判断的话，擅长去动员的人会采用前一种。

或许站在疏通者的立场，向别人求救会暴露我们的缺点，失去谈条件的资格。但换个角度，人们在受人所托时并不会产生任何负面情绪。你客气地说一声“帮帮我吧”，会让受托的人觉得自己被需要，很自然地就会派人来现场支援。我们就可以凭借着这种仰仗他人扶持的目的，让总公司的人成为我们的支持者，让他们对我们产生好感。

如果前面说到的两种解决方法，即立马求助和靠自己的力量自行解决。有一天同时运用到事前疏通中，其中哪一种方法更为有利呢，显而易见，一定是寻求帮助的那种方法。

但如果在寻求帮助时只是会说几句漂亮话溜须拍马，即便可以得到一时好感，也必然不能获得他们的信任。

要博得他人的信任，必须“不说谎话”，在日常生活里遵守每一个小约定，并把这种行为当作是一个基本要求，时刻践行。特别是说出的话必须做到，也就是言出必行，这一条才是建立信赖关系的基石。

世界上顶尖的疏通达人，都有自己独特的行事方法，而活用

“天地人”则是基本功，是世界通用的疏通准则中的原则原理。

这样做，疏通也可以以一种 FUN 的心态完成！

快乐去做，事前疏通也会是一件乐事

强生集团首席执行官——詹姆斯·伯克，每每召集全世界各地的干部们开会时，总会说这样一句话：

“各位，要取得好的结果，大家就要 FUN！”

FUN 为“享受”“愉悦”之意，詹姆斯的这句话大约是想告诉我们，要享受自己正在从事的工作。工作的时候，如果不能乐在其中，那么任何事都无法顺利推进。

享受是一种自主性行为。如果你觉得，只有从事自身有趣的工作，才能乐在其中，那就是犯了原则性错误。你想得太过单纯了。

坦白说，这世上根本就没有尽是快乐的工作，无论什么工作，都是喜忧参半。而且，就算是不快乐的工作，也可以想办法让自己乐在其中。

择业是每个人的权利和自由，既然是自己选择的职业，理应

尽情享受。我相信，只要做些努力，有享受工作的想法，谁都可以完成得很出色。

我私下会把伯克的话转换成“朗动”二字加以运用。能够乐在其中地工作并非劳动，而是“朗动”，相反的，那些把自己的工作看作是苦闷的劳动的人，我私下把他们的工作状态说成是“牢动”。

牢动：把工作看作蹲监狱一般，不情不愿。

劳动：虽然不是不情愿，但缺乏积极向上的心态，泛指一般的劳动。

朗动：用开朗的心态享受工作的每一分每一秒。

（这三个词在日文中的发音是一样的）

选择积极的语言，培养乐观的思维

疏通也是工作中的一环，所以也要尽可能享受它。那么，具体该如何做呢?

我认为可以在“选择语言”上下功夫，谨慎自己的言辞。我的意思并不是说，让大家注意自己有没有说有失礼节的话（当然，这点也是必要的），而是说话时，要选择那些正面的、积极向上的话。

当然，这些正面的、积极向上的话，也得用积极向上的态度来表达。

说话人的遣词造句、举止态度，都会影响现场的氛围。再者，人们都是通过语言来思考，选择积极的语言来表达想法，自然会给对方留下明媚积极的印象，换句话说，你的态度可以是改变局面的关键所在。

作为一名职场人，要成就一番事业，无论是日常活动，还是商务会谈，都应该摒弃负面消极的观念，不要来回重复那些消极语言，比如“不能”“不行”“办不到”，必须正面思考，培养积极乐观的思维方式。

在外资企业中，常常用简报环节的表现来考核员工能力。如果董事是外国人，这种倾向会更为明显。他们不只把简报内容作为考核基准，还会对表达风格、说话态度、服装等等这些非语言的要素进行考评。

即便与自己的意见相悖，对于已经决定的事就快乐地完成吧

如果事前疏通不顺利，要懂得适时抽身

根据我当主管的经验，主管对于那些只会一味认同的下属，表面上很是待见，但心底里却不重视。相反，对于那些会提出否定意见的下属，虽然觉得不讨喜却总会多加留意。

那些不轻易顺从的下属，无论好恶，都会给人留下深刻印象。如果从“恶名总比无名强”这个理论出发，让他人留意或许还比较有利。

现在假设，你的方案已经得到主管的认可，你很开心。但是在方案实行过程中，针对核心部分，主管提出了自己的要求。而你希望一切都按照自己的计划进行，就此尝试与主管进行疏通，力求主管能够理解并批准。

没想到，谈了半天，关键处总是得不到主管的认同，主管就是没有要改变心意的意思。

这样的情况下，是继续努力直至主管肯定自己呢，还是寻找合适的机会抽身，勉强接受主管的意愿呢?

结论是后者。无论是私企还是政府机关，它们都属于一种团

队，一种组织，都是由角色分担构成的。主管和下属都有各自应当扮演的角色，而下属最终都必须服从主管的命令，这是组织内部的规则。

正如团队需要服从更上一层组织的命令，每个成员都需要遵从既定的规则。就算这个规则内的决定从个人情感上难以服从，也要牢记绝对服从组织内部纪律，这是所有职场人的基本要求。

我在前面提过，只知道一味服从的下属并不能受到重视。但完全不服从主管，一味唱反调或伸张反面言论也是不可取的。关键是懂得选择合适的时机抽身。

意见无法改变时，服从主管

就我个人而言，下属不服从主管的事最多允许两次。也就是说，如果下属向主管两次陈述自己的不同观点，都没能通过，就要服从主管。我把这个作为一条规定。

下属反复陈述反驳意见超出两次，就意味着他缺乏作为组织内部人员的协调性，我可能就会把他从该项目团队中排除。

另一方面，从下属的角度出发，自己的意见或是提案不能被采纳确实是十分遗憾的事。尤其明明是自己的计划，却无法完全按照自己的想法实行，更是叫人无法接受。但如果因此而一味消沉，那么无论在什么样的团队、组织里，都可以判定这个人作为一名职场人是没有未来的。

英语中有这么一句谚语："Every cloud has a silver lining（无论什么云，背面都是银色的）。"不管多阴沉的云朵，它的背面都会有阳光照耀，云朵会因此闪出银色的光。正是在不顺心的时候，才不要拘泥于眼前的失败，应当把眼光投向更长远的未来。

但不得不说的是，心怀不满，"不情愿地服从"并不叫服从。

当主管下达一个与自己的想法不相符的指令时，要在心里觉得那就是自己的想法，然后积极地去实践。要果断干脆地去执行，甚至让主管达到惊讶的程度，觉得"那家伙之前那么反对，现在这是怎么了"。这样才能获得他人的信任和尊敬。而这个收获对你下一次进行疏通绝对有帮助。

总之，重要的是，千万不要"心不甘情不愿"而是要"干脆利落"地接受结果。

必须注意的事情

不擅长 speak out（率直地讲出来）的人

提到下属对主管说“不”的心得，我就想到了一则笑话。

When a Japanese says Yes, he means Maybe.（当一个日本人说“好”的时候，其实是在说“或许”）

When a Japanese says Maybe, he means No.（当一个日本人说“或许”的时候，其实说的是“不”）

When a Japanese says No, he is not a Japanese.（当一个日本人说“不”的时候，他已经不是日本人了）

有很大一部分人鲜少会清楚地表明自己的意愿，他们甚至觉得不发言是人惯有的行为模式。

在有些企业或组织的会议上，没有人发表反对言论，就一个接一个地通过议案，这种情况简直让人匪夷所思。在会议上既不发言也不质疑的那些人，通常会被看作无能或是无责任感。从这个角度来看，那些不发言、不反对、也没提出实质问题的人，要么无能，要么就是没有干劲。

因此，不擅长直接表达的人在进行事前疏通工作的时候，别人会对他产生固定印象——他不会清楚准确地表达。

性急且自我中心的人

大家都认为，性格外向、性急的人很喜欢结交朋友，喜欢辩论，而且辩论时很在意成败。他们很少使用委婉的表达，通常是直接清晰地表明好还是不好。说话讲求精简，但有时也会因人而异。

向这样的人实施疏通，往往开场白还没出口，他就按耐不住了，滔滔不绝，甚至早早就表明他的意见，并且希望对方跟上他的节奏，也明确给出意见。

更奇妙的是，性急的人说不行的时候，并不会就此打住。说完不行后，他们一般会细致地做出说明，比如，他们是基于怎样的想法得出这样的结论的等等。

另一方面，不善于说不的人向性急的人表达反驳时会说“是的，可是……”。性急的人认为，对方在说出“是的”时就表示对方已经接受自己的观点，表示自己赢了，有时就直接不去听“可是”之后的内容了。

“是的，可是……”这种表达句式是先用“是的，我非常明白您刚刚陈述的内容”来肯定别人的意见，表现出自己和对方有同感。然后加上一句“可是，除此之外我还会有这样的想法”，之后的内容才是重点。

具体说来，先尊重对方的意见然后再表明自己的观点的“是的，可是”这样的说明方式，因为做到了重视对方，所以在感情上不会招致厌恶。换句话说，这种方法不但可以暂时缓和对方的情绪，为下一次的事前疏通也预留了谈判空间。

在国际会议上能够让印度人沉默，让日本人开口，那么会议一定是成功的

美国人很喜欢开玩笑，他们的总统也时常成为玩笑的靶子。美国前总统克林顿也不例外，在关于他的玩笑里，有这么一段：

克林顿总统带着希拉里夫人一起去郊外兜风，顺路去了一趟加油站，这个加油站是希拉里夫人的前任经营的。知道这事之后，克林顿总统就对希拉里夫人说：“和我结婚很棒吧！”希拉里夫人就问：“为什么这么说？”克林顿回答说：“因为我是总统啊，如果你和他结了婚，现在不过是一个加油站老板的夫人。”对此，希拉里夫人这么回答：“我要是和他结了婚，没准现在总统就是他了。”

在会议上不发言，而一味地听从别人的意见的人，在美国可能就会遭到责难：“那家伙根本没有自己的想法和观点，就知道听别人的。活脱脱一个剽窃他人想法和创意的小偷！”

所以对美国人而言，日本人的沉默寡言显得不可思议，所以他们会把这点拿来开玩笑说：“要是在国际大会上能让印度人沉默，让日本人开口，那这会议就真的是成功了。”

日本人总是沉默不语，特别是遇到要说英语的情况，他们就像是一尊沉默不语的石像。不过沉默寡言会吃亏，但也会有收获。下面介绍一个因沉默而获利的案例。

沉默对性急的人十分有效

有一次，我去参加美国总公司的经营会议。会议的前一天晚上，有一位董事在总公司楼下的地下酒吧，问我要不要过去一起。因为我们也有半年没见了，所以我就欣然前往。在彼此聊了些近况之后，这位董事说道：“其实，明天我打算在会上提这个案子，你觉得怎么样？可以的话，我挺希望你赞成的。”原来他是来找我疏通的。

因为他的提案对于日本方面未必有利，所以我觉得要好好思考一下。可能是因为自己刚经历长途飞行，有些疲累，再加上需要一点时间整理思绪，所以我沉默了两三分钟。

而这期间，对方一直在等我回复，周遭的气氛变得凝重起来。

然后，这位有着典型美国人急性子脾气的董事就开始对我说明，这次议案能为集团整体带来什么利益，不仅如此，还说了这次提案关系到他的升职，他也充分考量了对日本的影响等等，甚至连关系到个人隐私的话都说出来了。我不费吹灰之力就引出了许多对我有利的条件。

我也问过其他美国朋友，是否有过类似的经历。他们告诉我："和日本人说话的时候，对方有时候会突然沉默。而这样的时候，自己往往会说太多。"

不擅长沉默的美国人，无法习惯沉默，同样道理，性急的人也没法习惯沉默。

其实，在谈话途中，如果对方沉默持续一分钟的话，即便是不爱说话的人也会觉得不自在，迫切想说些什么。要是换成本来就无法习惯沉默的性急的人，沉默超出两分钟的话，他们一定会想方设法地打破沉默，不仅如此，受这种情绪的影响，他们就会说更多，甚至把自己的内心想法暴露无遗，向对方传达比预想还要多的信息。所以和性急的人谈话时，偶尔的沉默也不失为一种战术。

看上去自信满满的人，内心其实都希望能够选择一个比较好的切入点来展开谈话。

即便他们说“这已经是最大的让步了”，你也可以怀疑下，他们是不是还保留了让步的余地，然后试着沉默一阵。虽然很多时候我们都说“沉默是禁忌”，但也有些时候是可以实现“沉默是金”。

3. 疏通力
也是有效的“谈判技能”

没有人会说自己是来开展疏通工作的，那么，该说什么呢

不管什么场合，即便知道双方各有所图，也不能开门见山地说：“我是来开展疏通工作的。”

疏通有以下几类：其一是以向对方传达信息为目的的事前疏通，其二是以倾听为目的或者为得到对方赞同的事前疏通。

以传达信息为目的的事前疏通中，“给别人面子”是基础，所以有许多类似寒暄的地方，不外乎是打招呼、问候之类。比如，你要把院子里的树锯了，和邻居打招呼：“可能有些吵，打扰到您，请您多担待了。”这样的话属于告知，并不一定要对方予以同意。

但是事先的一声招呼，关系到执行阶段能否顺利推进，如果不加重视，一定无法顺利完成。

那么，在这类事前疏通中，该怎么说才好呢？

只要简单地说："我有些事想要告诉您，打电话或是发邮件可能解释不清，所以想耽搁您 20 分钟。您看什么时候方便？"这样就可以了。

不过，以得到他人认同为目的的疏通就有点儿困难了。

最初去拜访别人时，即便就是以征得别人同意为目的，也不可宣之于口，最好说"我有件事想和您商量"。

但如果对方是平时接触不多的人的话，即便你很客气地和他说"有事商量"，他可能还是会怀疑你的立场和动机。

擅长商量的人，疏通力也不会差

协调可能是对方擅长的领域，所以这时候你就可以说"关于 ** 事情，我希望能听听您的意见"或者"关于 ** 事情，我想请教您几个问题。您能给我一点时间吗？"

在表达时，"** 事情"这一块不必说得太明确，比如"关于促销的事情"或者"关于公司系统的事情"，只要表达出大主题就好。在最初这个阶段，不要把具体的内容展示出来。

“有事找您商量”“有事向您请教”这些表达都表示自己重视对方。所以，接收到这个讯息的人基本上也不会不高兴。

人们往往会重视那些懂得尊重他人的人。

即便是关系上有些疏远，但对于那些尊重他人且虚心上门请教的人，任谁都会善意欢迎，愿意给出一些面谈时间。

既然说是来咨询、请教的，贸然向对方提出自己的方案就不能称作良策。首先应该做的是表明自己遇到了怎样的问题，然后表示想听听对方对于该问题的想法，或者请教对方的高见。这个阶段，最重要的就是要“专心聆听”。

保持与对方的眼神交流，偶尔用“是的呢”“原来如此啊”表示适度认同，时不时还要点点头，手上则需要快速记录。这就是专心聆听的基本姿势。也就是如字面上（日语中聆听的书写是“聴く”）意思一样，动用耳、心、眼，来积极地倾听，用英语表达的话就是Active Listening，也可以说是Generous Listening。

事前疏通并非权衡折中，而是达到三赢

“三赢”是原理原则

“Trade off”在经济学上被译为“抵换”，有权衡得失、妥协的意思。即鱼和熊掌不可兼得，成全一方则另一方无法满足，想得到什么就必须要牺牲什么。

与“Trade off”相反，疏通不能牺牲任何一方的利益。日本近代商人们强调所谓的“卖家赢，买家赢，社会赢”，即“三赢”。

而这里说的“三赢”原理就是事前疏通的基础。

满足“三赢”的协调内容才是疏通顺利进行的前提，如果必须要牺牲其中一方的利益，就没有任何理由让对方接受提案，也就自然失去了可以协商的条件。

只对一方有利，对另一方不利的“抵换”关系，根本就不能构成协调的基本，就算尝试协调，也会沦为争执和单方面说服。

在跨部门实施的事前疏通中，要尽量避免利益向一些部门集中，不要出现一些特定的部门不能获利的情况，尽可能做到利益平均分布。

人们对那些给予自己负面影响的事物往往比积极影响的更加

敏感。宁可放弃对自己有利的部分，也绝对不会放过一个对自己不利的地方。

“推行这个计划确实会产生一些新的负担，但一旦步入正轨，您就可以从中获利。”像这样，让对方理解计划的有利之处也是疏通的一部分。

因此，事前疏通的内容绝对要满足“三赢”。若非如此，协调就没有价值了。

在对手看不见的地方运作

不用想也知道，实施事前疏通的绝不会是你一人，你的对手可能也在对着同一个对象做着和你一样的事。

举个实例，那是我向美国总公司的董事进行事前疏通，希望在日本开展一场大规模宣传活动的事。

总公司的董事们对于这个企划案反应很热烈，最终我不仅取得了董事会的认可，也取得了企划案需要的预算。

我心情愉悦，在走廊上小憩。就在这时，负责欧洲事务的董事向我走来打了声招呼。

“新先生，祝贺您！其实这次我们也打算筹办这么一场宣传活动的，不过总公司这边好像有意让日本方面先着手办起来，预祝您成功！”

我急忙回应道：“谢谢您！下次您那边办活动的时候，我一定全力支持！”在那之前，我完全不知道他对总公司的董事们也做了事前疏通。

因为事前疏通都是私下进行，除了当事人以外，可以说无人知晓。所以若是除我之外的人进行了事前疏通，知道这件事的只有总公司的那些董事们。这位欧洲方面的董事一定也是通过总公司同意日方举办宣传活动这个结果，才知道我进行事先疏通的事。

虽然最后的结果是美好的，但与此同时我也深深领悟到：疏通不只是要关注眼前事，还必须要“见他人不能见之处”。

最初是口头表达，话题顺利进行后再呈现文件，但仅限一页纸！

请勿弄错试探的流程

即便是以获得对方认同为目的的事前疏通，如果一开始就表明“其实我有这么一个计划，希望得到您的认同”，就得不到一个好结果了，这事十有八九成不了。

既然是以咨询、请教为理由才取得和对方见面的机会，你没头没脑地说一句“希望您可以认同”，对方心情变糟糕自不必说，这种行为会让对方觉得你用请教这个场面话当幌子，其实是别有目的呢。

从场面话向真心话的转换过程很重要。

如果只是单纯传达讯息，只要告知已经决定的事项，就不会生出什么大麻烦。比如说：“这次我们部门希望实施这样的计划，请您多关照。”但在以获得对方认同为目的的事前疏通中，必须重视过程，避免对方在情感上受到伤害。

为了让议案或计划得以通过，博得多数赞同，就要知道“欲速则不达”的道理，从咨询或请教这个角度切入很重要。

一开始就明确计划的具体内容还有另一处风险。你实施事前疏通的对象并不一定就是支持你的一方。没准儿对方是站在你的对立面上的。如果将自己尚未完成的计划和盘托出，这是极其危险的。准确地说就是草率。

因此，在以获得对方认可为目的的事前疏通中，一开始不必拿出文件。先用口头说明来试探，是基本步骤，也是基本原则。

先采取口头论述，如果感觉到对方并不反对，抑或是表示积极赞同，下一步就可以拿出写着概要的资料来进一步洽谈。

越是向有分量的人进行疏通，资料就越要轻薄

概要资料就一张纸！特别是面对那些公司高层管理人员时，这绝对是疏通的一个窍门。

疏通的双方都会特别关注身份等级，对董事进行疏通的基本上也是董事，有时会有下属同席的情况，这一般都是为了做出更详细的说明，这时资料就很重要。

大部分组织的高层主管面对疏通时没什么耐心。我也是其中一员。比起冗长的起承转合，从结论开始往往效果更佳。

另外，对于性急的人来说，要阅读长篇资料，实在是煎熬。

因此，准备的说明资料控制在一页，并且用三个重点陈述观点，结果往往比较可观。如果要求更精进些，可以分别再用三行左右的内容说明这个三个观点，这样做除了能让对方一目了然，也可以展现文件的水平，不但可以提升效果，还可以提升阅读者对于文件制作人的评价。

所以说，即便只是一张纸，其效果也不可小觑。

日语的谚语中不是有这么一句：“かなわぬ時の神頼み。”关键时刻可靠“纸”。[1]

友好合作关系可以在疏通中商谈成功

对客户的客户进行事前疏通

我供职于壳牌石油时，有一位客户是略保守的石油中间商。那时，我在为他们公司的服务站做一个商品构成的改善方案。我的方案既可以降低服务站的成本，也可以大大提升该公司的利润。

该公司的服务窗口也表示赞同，但这个窗口的主管就是不能接受，坚持按照原先的运营方式进行。

[1] 日语中是说有愿望未实现时可以求神抱佛。因为日语中“神”和“纸”的发音相同，所以作者开了一个玩笑。

于是我心生一计，采取迂回战略。我寻访该公司的主要顾客，向他们说明了商品架构改善后的益处和效果。这样一来，这些客户向该公司提出了商品改善的要求，并最终使得我的方案得以实施。

这个方法立竿见影，保守派的主管因为那些具有影响力的客户们坚持，不得不批准。这件事我一直不敢说，因为当时把这些具有影响力的顾客介绍给我的，正是该公司的服务窗口。这是我和客户一同完成的一次事前疏通，我至今难忘。

疏通的必备要素

十十

1. 疏通中的书面请示

书面请示前必须进行疏通

在书面请示制度中有个不成文的规定，那就是“传递书面请示之前，所有的事都已经决定了”。所谓书面请示，并不是通过传递书面请示书来达成讨论的目的，而是基于传递书面请示前所做的事前疏通，达成意见一致。

这也是很多人所不能理解的所谓的“潜规则”。

书面请示书上的一字一句都必须是融合了相关部门负责人的意见。如果事先没有进行协调，就不能单方面认定对方会同意，擅自传递书面请示书。就算你传递了，也会被对方斥责说：“这事我听都没听过。”这句话在对方眼里也代表，“别人不把我当回事”“违反正规程序”，在十分重视组织秩序的企业、组织里，这句话算得上是强烈控诉。

虽说书面请示书的抬头会写上“问询”这样的字眼，但实际上不过是把早已决定好了的事情给大家过个目，因此，那些没有收到事前疏通或者虽然做了疏通但并没有认同的人，看到书面请示书则会怒不可遏，“你们完全无视我，擅自做主，这是什么意思！”或者控诉：“这个事根本就没问过我。”

开会讨论和书面请示哪个更费时

有人一定会说：既然可以把相关人员召集起来开会讨论，又何必要特意传递什么书面请示书呢？若要达成共识，开会讨论不是会更好吗？

而且，说是书面请示，实际上在疏通的环节就已经决定了，书面请示的过程不过是让大家挨个儿盖章，这不是浪费时间嘛。其实有这样的想法，也并不是没有道理。

因为我长年供职在一些并不熟悉书面请示制度的外资企业，所以对于书面请示制度的优势并没有太实际的感触。我曾经向一位商业银行的董事问过这样的问题：“书面请示制度对组织到底有怎样的贡献呢？”

那位董事的回答是这样的：

“如果没有书面请示，大家就得开若干次会议，不停地讨论，直到得出结论。其实开会耗费的工夫和书面请示耗费的工夫没有太大差距。重要的是，你希望节省两者中的哪一个。有人选择省下开会的时间和精力。与之相反，喜欢讨论的人必然是不会节省开会讨论的时间的。书面请示制度就是从喜爱讨论的人绝对想不到的构思中诞生的。”

这时，这位董事还告诉我，书面请示和疏通是一个组合，并且疏通才是主角。

疏通的最终目的在于全员一致

那位董事还说过：“很多管理者讨厌组织内部意见不一，喜欢全员意见一致。因此他们很重视协商。协商就是，与相关人员商量之后达成共识，也就是我们所说的‘疏通’。总的说来，以达成统一意见为目的的书面请示就等同于疏通。”

他的这番话，让我稍稍理解为什么有很多领导者、管理者喜欢书面请示制度。

接着，他又和我说下去。

“相关人员齐聚一堂，达成一致意见是相当困难的，所以大家更愿意进行一对一的疏通，按顺序征得他人同意。”

通常情况下，董事会是公司的最高决策机关。重视疏通的公司在开董事会之前，有80%以上的决议都已经通过疏通决定好了。而对此概念很模糊的公司，事先就有结果的案子，大概只有20%左右。

美国人在开会前也会有疏通的程序，有些情况事前疏通可以起到决定性作用。

可以说，这20%正是“Excellence is a thousand details（千般细节成就卓越）”中所说的details（细节）。

这里我们就要谈到企业间的区别了。有些企业讲求集团主义，他们为了维系集团内部和谐，会尽可能地避免意见对立，希望每一件事情都能在全员一致的前提下决定。因此他们会恐惧自己和他人的意见不同，所以通过事前疏通来达到意见统一，以此作为消除分歧的手段。

还有一些企业，遵循个人主义，赞成分歧（Agree to Disagree）。基于这样的文化，他们会认为组织内存在意见分歧很正常，然后在明确分歧的基础上，探寻整体最合适的妥协点。

即使开会也不讨论，世间罕见的“啪啪会议”

在董事会上发言的都是“异端分子”

几年前，出于某种机缘巧合，我曾经担任过首都（首都指的是东京）的某家地方银行的涉外董事。

那时，我每个月都要去这家地方银行的总行，出席他们的董事会，这是我工作的一部分。每次，在会议召开前几天，事务所都会进行一个关于议案的说明，也就是事前疏通。

事务所的专员，基本上都是由总务部课长担任，大约在会议召开前一周，这位专员联络我，表示“希望您能来听一听关于董事会的议案说明”。

在这个银行，董事会的议事长是由会长担任的。因为会长是最高权力者，而且我又是被这位会长聘任，他常常嘱托我，发现任何问题都可以在董事会上提出来。

因此，我常常会对不起那些辛苦做完事前疏通的事务专员，我从未协助他们完成过一次不用讨论就通过的会议。我个人把它叫作“啪啪会议”。

“啪啪会议”就是指，与会人员不用讨论，只要对议案击掌通过即可的会议。“啪啪”就是指大家击掌的声音。

虽然我未曾公然对议案提出过反对意见，但不得不承认我的提问很是积极。因为人们通常会认为质疑就是反对，所以即便我在提问之前加上一句“这个问题与这个议案无关”，但有些董事依旧会用一副看异端分子的好奇眼神审视我，一面还会问：“你到底想问什么啊？”

这个银行的董事会上除了我，几乎没有一个人发言。沉默维持一段时间之后，议事长就会说：“如果没有异议的话，这个议案我们就通过。”这类情况在欧美国家是绝对不会发生的。

只要在会议上被否决一次，再无复活可能

在有些企业里，董事会召开之前，大部分的事情就已经通过疏通决定好了，因此，会议上没有人讨论也是理所当然的。董事会对于日本人而言只是一个总结大会，并非是讨论的地方。

董事会上列席的都是公司高层管理人员，若不做事前疏通就贸然提出什么提案的话，必然会招致强烈反对，提案根本无法顺利通过。当然，要使得这些人达成共识也会耗费相当长的时间。

因此，为了在会前让他们意见统一，事前疏通就是不可或缺

的环节。基于多数决议做出的决定，在组织中会留有芥蒂。而遵循“以和为贵”的企业或组织，尤其不喜欢组织内部留有芥蒂。因而为了会议上不出现异端分子，他们一定会在事先进行疏通，与大家达成意见统一。

书面请示实际上就是一个由下而上的事前疏通系统。组织内部由下往上逐步上升，在上升过程中达成意见调整的目的，最后让这个议案在董事会上得到认可。如果在董事会上被否决的话，这就意味着疏通失败。因此，只要是在董事会上被否决的议案，绝对没有再复活的可能。

这类组织的决策特点就是，比起董事会，事前疏通更为重要。

越是自信满满的人，越是会在事前疏通这个环节马虎大意。也有不少人会认为，只要出成果，即使不去做什么事前疏通也会得到认同，并不需要这种“暗箱操作”。但有时候，事前疏通的失败会成为致命伤。因此，大家都应该明白，事前疏通是“做出成果的一种手段”。

欧美和日本的董事会差异

	欧美董事会	日本董事会
会议的本质	决策机关（名副其实）	决策机关（仅是名义上）
会议的机能	接受相互之间存在不同意见，在此基础上寻求最佳决策	形式
决策过程	会议当场决定	事前疏通时决定
议案的审议	决策前召开多次会议	仅此一次
事前疏通的机能	最终局面达成意见统一	会议前达成意见统一
事前疏通的影响度	20% 决定最终是否能成	80% 决定最终是否能成

“我会考虑看看（I will think about it）”是另一回事

在国际性的事物中，一句话就可能使你失去信任

和外国人进行协调时，往往会因为语言或者习惯的不同而与

机会擦肩而过。好不容易达成一些共识，就因为一步走错，满盘皆输。实在是令人扼腕。

比如说，英语中表示“我考虑考虑”会用“I will think about it”或者“I will think it over”。在英语里面，如同字面意思一样，就是“考虑”，因此，美国人就会认为“这个日本人会认真考虑的”，所以满怀期待地等着对方予以答复。

但日语中这句话的本意往往是说：“I am not interested in it（我对你的话题完全不感兴趣）。”因此，美国人对于这种无论等上多久也终是石沉大海的情况焦躁不已、愤愤不平，对日本就剩下骗子这样的评价了。

还有一句日本人常说的话，那就是“検討します”（我会做检讨一下）。这句话尤其会在和中国人交涉的过程中引发困扰。在汉语里面“检讨”这个词的意思是“承认自己这边存在过失，要进行自我反省，重新思考”，所以当日本人说“这个案子我回公司后做一个检讨”，中国人就会理解为“日本人已经理解我们的想法，所以带回去修正了”。

因此，当日本人回复：“经过我们的详细研究，以目前的条件来看，我们还是不能接受。”中国人极有可能大发雷霆说：“你不是说要回去检讨吗？”

这正是语言上的偏差。果然应了那句，“语言即文化”。

重要的是知己知彼

即使表达语言不同，也必须做到在尊重双方差异的基础上，推进微妙的疏通工作。要知道，说错一句话，一切努力就会付诸东流。那么如何才能做到在疏通过程中不发生误解呢？我认为，在精通对方所用语言之前，更重要的是要对外国人的态度和心理有足够认识。

一个国家的文化中不存在的事物，是无法在他们的语言中出现的。比如说日语中“詫寂（わびさび）（中文意思为寂静）”这个词，在英语中就找不到完全匹配的表达。另外，我也不知道“阿吽（あうん）の呼吸（中文意思为心有灵犀）”这样的短语又该如何用英语表达。所以说，我们不单单是要记住单词，更要理解它背后所存在的文化差异，这点至关重要。

我认为，那些需要对外国人进行疏通的人能够具备以下五点认知：

第一，要对本国的事情了如指掌。

第二，知道彼此间的共同点。

第三，知道彼此间的差异。

第四，接受并且尊重差异的存在。

第五，在理解以上内容的基础上，根据需要迎合对方。

首先，如果对自己国家的事情都不甚了解，就无法与别国建立良好的沟通关系。这就和一个不具备自我认知能力的人无法取得他人信任的道理一样，不了解自己的国家的人，根本不能对外国人进行疏通。

第二条，“知道彼此间的共同点”。我们在知道自身和他人之间的差异之前，先要知道两者的共同点，这很有意义。

美国人往往认为，语言不同，观念和思维都不同。所以他们和欧洲国家的人，或者亚洲国家的人进行语言沟通时，总会觉得到处都充满差异。

但无论各国的文化习俗多么不同，他们都同属“人类”这个大范畴，彼此间必然存在着某些相同的价值观和思维模式。如果梦想成为一个精英，在学习和其他国家间的差异之前，应当先努力地探寻他们彼此间的共同点。如果仅仅把注意力停留在两者之间的天壤之别上，那就大错特错了。

某位日本跨国企业的经营者说过："日本人和美国人在思维方式上仅存在 5% 至 10% 的不同。然而，要了解这 10% 的差异却十分艰难。"我刚刚叙述的"了解相同点"之后才是"了解差异"，就是出于这个理由。

疏通对于寻找"妥协点"也是有效的

第四条说到"接受并且尊重差异的存在"。一般情况下，大部分人十分在意别人的异样眼光，同时，他们也厌恶异己的人或事物。但生存在这个全球化的商务世界之中，对差异性的接纳以及包容都是不可或缺的能力。用我自己的话来说就是"Agree to Disagree（赞成分歧）"。也就是说，"虽然你对我的意见持反对态度，但我欣然接受。在这个基础上得出最佳方案"。

再接下去，说到最后一条"根据需要迎合对方"。如果我们在疏通的过程中一味地强调自我认知，坚持己见，即便是已经达成的目标也会面临破产。是否知道何时让步和妥协，就是一流和平庸的分水岭。

从“不”开始的人和回避讨论的人

交涉难易度、成功率——所有基准都有所不同的人

根据我的个人经验，交涉过程中，一部分人总是能够淡定且轻松地说出让对方不能接受的条件。因为他们认为交涉要从说“不”开始，在他们眼中，先说出一个根本不可能被同意的价格，故弄玄虚，就像是开始一场摇骰子的游戏。一旦对方拒绝接受，就开始动真格的交涉。慢慢地降低价格，寻找合适的让步点。这就是他们一贯采取的策略。

与之相对的，还有一部分人会选择从对方容易接受的条件开始谈起，回避争论。也就是说，这两种交涉方式出现的概率较大。

因此，交涉的过程中，常常因双方文化和习惯的不同，产生僵持不下的尴尬局面。比如，不假思索地选择一个莫名其妙的高价开始洽谈，而对方则表示“这样的价格还有什么可谈判的呢”，随后愤然离席，这样的行为又会让开高价的一方不知所措。

不喜欢争论的人认为，即使这个价格下调一半，也很难认同，所以直接放弃交涉，开高价的人会觉得吃惊“话题才刚刚开始，你着急走干吗”。相反，有时候，也会出现这样的情况：无论对

方提出怎样的价格，不爱争论的一方都会说上一句“我无能为力”，然后快速地结束交涉。（这也是很令人惊讶不已的事）

这样的交涉习惯常常体现在西方人身上。之前，我去西班牙旅行。路过一家首饰店，看中了一个黄金音乐盒，我就向店员询问了价格。店员回答说，按当时日元汇率计算是 80 万日元，我以一种完全不属于日本人的那种执拗劲儿，不屈不挠地讲了大概 20 分钟的价，结果店员说：“这个不是我能说了算的。我需要和公司商量。”说完，就打了个电话，最终以 40 万日元的价格卖给了我。就算是这个价格，我觉得他们还是挣了不少的。

不同风格的疏通力的区别在于组织文化的差异

重视情感多于理

无论是哪种风格的疏通，它们都不外乎是为了做出最好决策的一种手段。但单看各自的偏重点，我们就会发现之间还是有着相当大的差异的。这又是因为什么呢?

各国企业在组织文化上有所不同。首先让我们一起来看看他们各自的组织模式吧。

有一类企业或组织讲求集团主义。因此，其可取之处就在于成员之间互帮互助的这种作风。要发扬这种长处，首重人和。他们往往把人际关系作为第一考量要素，尽可能在不发生摩擦的前提下达到全员意见一致。因此，在这类企业当中最大的罪过莫过于破坏内部和谐了。

这类企业或组织的弱点在于，决策者和责任人模糊不清。决策和责任模糊就意味着权限不明。在这种组织中，授权（权限委让）不能很好地发挥效用，究其原因也在于此。权限不明的情况下，权限委让也就不能实现。

一般情况下，授权无法发挥效用时，组织的活力就会渐渐弱化，但企业或组织强调团队胜过个人，会用“互帮互助”来弥补这一点。也就是说，他们用“互帮互助”来弥补集团主义的弱点。当然，疏通工作也受到了这种互助文化的强烈影响，因而，疏通工作自然把重点全部放在了人际关系上。

可以说，这类企业或组织的疏通工作重点倾向于情感而非理，也是出于同样的理由。

战胜分歧，寻求最佳决策

还有一类企业或组织讲求个人主义。他们的责任意识，也就是决策者和责任人的角色极其明确。因此，权限就可以在这个范围内被确定下来，并可以为提升组织活力而充分发挥它的效用。

而另一方面，这种组织文化也有它的缺点，那就是强烈的“领地意识”或者“各部门的利己主义或者个人的利己主义”。用棒球的知识来解释的话就是，中坚手不会去接自己守卫范围之外的球。因而这类企业里，无法培养出那种互帮互助的文化氛围。

因此，这类企业或组织的疏通工作，往往会把重心放在调整相互间的利害关系上。

因为有个人主义这个背景，所以他们非常理解相互间的对立关系，在“赞成分歧（Agree to Disagree）”的大前提下，寻求最佳决策，最终达成共识。这就是这类企业或组织疏通的一种方式。

重视组织内部和谐的企业或组织，因而施行的疏通也会自然地把重心置于人际关系的维系上。而与此相对的，允许相互间存在差异的企业，施行的疏通工作从本质上讲，就是战胜相互间的不同，寻求折中的一致观点。

优势渐渐弱化的重视情感的组织文化

我们再回顾一次重视情感更胜理的企业或组织优势的根源。

依赖“互帮互助”（团队合作）来维系企业或组织的强度，但他们也逐渐意识到，维系和睦就会削弱结果。

正是因为这类企业中这种根深蒂固的“互帮互助”文化，才使得企业得以维持和发展。也就是说，这是“企业的生命线”。因而我们可以说，疏通工作中，将精力花费在这个企业组织的“生命线”上也是无可厚非。

但是，最近几年，这种企业的组织特征随着所谓全球化标准，也就是欧式的人事劳务管理模式的扩张，似乎也在发生变化。在诸如成果主义人事这类重视个人业绩的评价制度下，“互帮互助文化”正呈现出逐年衰退的景象。

即便权限和责任的明确化等等这些组织文化的弱点能够得以改善，优缺点也勉强算是平衡，优势却依然毫无进展。现在的这类企业或组织看上去似乎是一副弱点并未改善，优势逐步缺失的样子。

事前疏通是重视对方的信号

事前疏通就等于给对方面子

在讲感情胜于讲理的企业或组织内部，一直持续的是一种重视相互扶持，以和为贵的文化。因此，比起原先事前疏通所具备的调整利害关系以及消除意见对立的机能，它的附属机能，也就是给对方面子变得越发重要了。

“给对方面子”的意思是，类似于见面寒暄这样，表现出重视对方的态度。相反，如果不做这些事情，就是轻视或者无视对方，会遭到强烈的排斥。

某位供职于政府机关的年轻干部表示：“那些请求我们支援的人平时都要工作，很忙碌，而周末我们又休息，服务窗口就会关闭。这样下去可不行。”于是，他就招募节假日时愿意服务的志愿者，加开临时窗口。

这个尝试确实深受好评，但是，这位年轻干部非但没有受到上级表彰，反而遭到训斥。领导跟他说：“节假日出勤是人事部和总务部负责的，事先应该去好好做做疏通工作。”

这件事似乎也引来了其他部门的强烈责难。节假日开设临时窗口对于政府机关是新政策。而这项政策执行前，不去和他们商量，他们自然觉得“这么大的事，竟然不和我们商量就擅自做主”“简直不给我们面子”，生气也是在所难免。

不引起骚动是疏通的基本要求

良好的人际关系对于组织内部工作极为重要。但组织不能仅靠人际关系良好就做出成绩，一味地关注人际关系，多半会衍生出套近乎、看交情的不良风气，进而就会产生人情和关系优先的弊病。

这种类型的企业或组织内的人，他们根本不把注意力放在谈判上，而是放在构建人际关系，一味地把精力花在人情的借还上，因此，付出再多也无法增强他们的交涉技能。

疏通的一大特征就是“要静悄悄地完成”。

通常，疏通和书面请示是成对出现的，表面书面请示，暗地里疏通，这是它们的标准定位。因此，疏通就不能引起大骚动。骚动对于疏通的执行者来说足以致命。

成功人士当中，总会有人意气风发地述说自己的神勇事迹。比如“我把辞呈就放在西装的内侧口袋里，直接去和主管谈判，然后他就让我的计划施行了”，再如“我一一说服了周围的人们，让他们最终赞成我的观点”。

但这些神勇事迹多半都是需要谨慎的。

大型企业或组织对于决策的过程很是严格，虽然偶尔会因为企业的规模或是体制而有所不同，但越级找高层谈判的事情几乎是不会发生的。

另外，不顾周围人反对，拼命尝试说服所有人，这样一种有意博取所有认同的行为，在重视组织内部和谐和秩序的企业或组织中，是无论如何都不被允许的。

总而言之，坚持静悄悄地做事，不去做那些让周围大为吃惊的事，不引起骚动，这是疏通的行为准则，如果不遵循这条准则，实行的疏通会很难取得成功。

2. 目的、理以及利益分明的事前疏通

有人用理的外表覆盖人情，而有人则是把理置于人情这层表皮下

人们都认为，在理（Logic）和人情（Sentiment）之间，东方人更重视人情，而西方人则更为重视理。但东方人中也有重视理的，西方人也有人重视人情的，我们并不能擅自断言说东方人重情，西方人讲理，而将它们置于两个对立面上。

在我看来，有一类人的理（Logic）是包裹人情（Sentiment）的包装纸，它的主要内容从始至终都是人情。与之相对的，另一类人眼中，这两者的关系就如同是桃肉和桃核的关系一样，人情当中是坚实的理。

这两者的差异性，在疏通中往往会得到显著的体现。

有人会表示“因为那人总是低声下气”或者“因为是那个人说的”，就完全不关心案件的内容，单纯出于优先考虑人情的准则认可对方，这样的做法对于与之相对的人来说简直无法想象。

因此，在以讲感情为主的企业或组织中，构建出和谐的人际关系是至关重要的。总的说来，疏通能否成功，基本上都是取决于日常的人际关系以及沟通。因此，这类企业中的人把常常见面寒暄，认真倾听对方的话都当作大事。

而与之相对的一类人，疏通的基本技巧就是理。

当然，疏通力中，沟通技能也是极为重要的，但欧美人不会像日本人那般做出轻视逻辑的事来。

时代小说名家笔下的疏通

作家山本周五郎的小说《町奉行[1]日记》，事实上是一部突出疏通文化的作品。这部作品也被拍成了电影《浪荡平太》（市

[1] 奉行，日本武士执政时代的官名。奉命处理事务。镰仓幕府以后，用作衙门长官的官名。

川昆执导，2000 年公演），大家可能都有所耳闻。

《町奉行日记》讲述了新上任的町奉行，驱逐盘踞一方的非法组织的故事。用当下的话来说就是打击黑社会势力。这个故事的特别之处在于，他的做法既不是依法统治，也不是行使自己作为奉行的职权。

这个奉行一上任，每天都不去他该去的奉行所，而是出没在由三个老大支配的非法地带，寻找和他们相遇的机会，和他们一起吃喝玩乐，建立亲密关系。

等他和这三个老大都建立了不错的交情之后，他才表明自己的身份，同时也毫不避讳地坦言自己每天都来这片非法地带的目的。

在此基础上，他向这三个老大发出了流放的处罚，其实就是一再恳求他们能够从这个地方搬离出去。从始至终，这位新任的奉行可谓是实行了一场艰难的疏通。

这部作品的有趣之处就在于，这位奉行并没有利用职权流放三个地头老大，而是利用人际关系达成目标。那三个老大觉得“对于我们来说未尝不是一个好时机。既然他都这么说了，我们就给个面子吧”，然后潇洒离开。

这个案例在欧美人看来应该无法理解吧。

这三个老大本来就是坏人，町奉行要是拿出点威严，正颜厉色地说点什么或是坚持依法统治，事情就可以解决了。

实际上，在町奉行的年代，官差是可以布下天罗地网直接对这些非法集团进行取缔的，但这位新任的町奉行没有使用武力，也没有使用权威，单单依靠人际关系就解决了问题。

这告诉我们：即便是坏人，也会认同那些肯定自己的人。这位新任的奉行一天也没有在自己的奉行所办过公，却仅仅依靠交情成就了一番大事业。

山本周五郎的这部作品，就像是疏通的教科书。

理与利益兼具，这才是疏通的本质

明确对方利益，然后陈述理

通常，西方式的企业或者组织，在沟通中对方一定会用光明正大的态度来问你："这能给我带来什么利益？"

不过，这并不意味着这类企业或组织里的人没有"为了集团好”的意识。他们心中也有集团优先于个人的想法。

要简洁扼要地说明，方案的哪些地方可以如何惠及组织全体。但如果要说服一定要更加注重逻辑性，必须要说明方案对于集团的利益是有 Logic（理）可循的。

说服对方更为有效的方式是个人 Benefit（利益）。也就是说，我们有必要明确方案对于对方的部门抑或是个人将会带来怎样的利益。

比如说，为了刷新流通系统，向生产部门的关键人物进行疏通时，我们需要向他陈述出以下几点 Benefit（利益）和 Logic（理）：第一，系统优化以后，生产部门可以精密地安排生产计划；第二，不再需要为了处理紧急订单而另开生产线；第三，可以维持稳定且高效的生产力。

如果是对采购部门进行疏通，就要说：“系统优化以后，可以安定生产，原材料的采购就可以有计划地进行。”像这样，带着“理”来向对方展示“利益”部分，就能让整个组织动起来。

疏通的构成要素

	讲感情的组织疏通	讲理的组织疏通
最重要的要素	人情和对自己的认可度	理和能为自己带来的利益
最必要的技能	人际关系的构建能力	个人展示能力
提升技能的手段	日常的交往	学习
情理比重	人情 80%，理 20%	人情 20%，理 80%
容易陷入的弊害	亲昵 轻易妥协	部门和个人的利己主义
背景	集团主义	个人主义

人格魅力是疏通的决胜点

话说回来，无论怎样重视理和利益，人自然也避不开人际关系的影响。

疏通双方需要通过加深相互之间的理解，来与对方建立信赖关系，进而产生友情。而在友情的基石上，疏通自然而然就可以顺利进行了。这是古今中外都一致的原则。

一味地将注意力集中在理上，就可能会忽略这个关键。

构建人际关系重在平时的沟通交流，这点全世界都是一样的。但就算平常频繁见面，欧美人也会觉得“So what（那又怎样）”，这就是对人性的一种考验了。

对一个职场人来说，必须具备三种能力：人格魅力（信任、尊敬、热情），专业能力（知识、技能）以及领导能力。而想要成为一流精英，就必须具备出色的人格魅力。

也就是说，比起专业能力卓越的能人，人格魅力出众的人更有可能成为一流的精英。

而且，疏通最后的决胜点也在于这个人的人格魅力，也就是说要看一个人的威望和人格中，有没有让人不得不依赖的一面。这一点，我将在第五章里详述。

如果可以构建起具有魅力的人际关系，就会自然地带来一种“光环效应”[1]。

---

[1] 光环效应：在心理学上指，如果对一个人的某一点产生好感，则会有对其其他方面也产生好感的倾向。

平常行为出色的人会给周围人形成一种心理上的影响，无论这个人做什么，都能得到正面评价；而相反，平常行为有问题的人无论做什么，别人对他的评价总会低那么一些。“光环效应”就是指这样的心理效果。

即使是疏通，只要相互间建立起好的人际关系，这个人际关系就会变成一扇金屏风，而站在这扇金屏风前的人，不论是语言表达还是行为，都会得到数倍美化。

随时自我激励的美国朋友

喜欢讨论，凡事讲求理的人，也会意外地有偏好精神论的一面。

我身边有位美国朋友，随身带着一本记事本，封底里有一张纸上写着这么一段文字：

> 如果你觉得会失败，结果一定失败。如果你觉得应该赢不了，结果一般也是失败。如果你觉得自己可能会失败，那和已经失败是一样的。成功是从意志力开始的，全凭一种意念。

要觉得自己一定能行，自己一定可以做给别人看。

人生的胜者并不一定是那个更强、更快的人。

无论是早是晚，胜出的一定是相信“自己能赢”的那个人。

这是一篇名叫《获胜的信念》（*The will to win*）的散文。我的这位美国朋友把这篇刊载在报纸上的散文剪下来，贴在记事本的封底里，每日都会读上数遍来鼓舞自己。

我们应该都知道，被疏通的人，他的重点在于 Logic（理）和 Benefit（利益），但他们也会有偏好精神论的侧面，最好也要留心。

利益和理不会波及大义

重视大义是世界共通的

那么，当人际关系薄弱，为对方带来的利益（Benefit）又没那么可观，甚至在理上都很薄弱，这样的情况下，我们要放弃疏通吗？

答案是否定的。

无论对方是重视理（Logic）和利益（Benefit）的人，还是偏重人际关系的人，总有妥善进行疏通的方法，那就是背负“大义”来协调。

在很多企业，大义（Cause）是凌驾于理（Logic）和利益（Benefit）之上的，能够超越人际关系的也是大义。

所以，无论是哪类人，都会尊重全体利益优先的公德心。只要是人，这一点上其实毫无差别。所以即使方案所带来的利益并不可观，理也说不通，但只要怀着大义，一样可以动摇疏通的对象。这是因为大义（Cause）重于一切。

美国前总统肯尼迪在他的任职演说中高声喊道：“请大家不要问我美国能为大家带来什么，请大家思考我们能为美国做些什么。”这句话正是在向美国国民们传达一种“一切为美国”的大义精神。

世界顶尖的航空飞机制造商——波音公司，之所以会开始制作横贯大西洋的民航喷气式客机，并非是为了所谓利益，也不是出于什么大道理，而是出于他们公司的企业文化——“生产出世界第一的高速高性能的飞机”这个“大义”，也是出于满足客户需求，即希望乘坐既快速又舒服的飞机的需求的“大义”。这两个大义就是他们的原动力。

企业的理念也好，使命也好，其实就是这个“大义”。

在董事会上认可 1600 万美元预算

当时波音公司的最大客户是美国空军，如果波音公司只追求利益，根本不可能选择生产民航喷气式客机。

再有，当时的民航客机的主流是螺旋桨式，喷气式飞机因为事故率颇高，一直不受好评。因此，当时以民用飞机为主营业务的道格拉斯公司一直都没有喷气式飞机的开发计划。

也就是说，从利益和理上来说，波音公司根本没有要去开发客用喷气式飞机的动机。

但在波音公司的董事会上，大家一致通过了 1600 万美元的预算方案，然后开始了美国最初的横贯大西洋的民航喷气式飞机“波音 707”的研发，这一切的动力就是源于凌驾于利益和理之上的那两个“大义”。

凭借美国空军的订单，波音公司收益很稳定。另外，泛美航空等航线上的各家公司都依然坚持螺旋桨式飞机是主流，其他的航空飞机制造商也全无意愿去开发喷气式飞机，在这样的背景下，波音公司依然决定尝试一个完全崭新的领域，也就是喷气式飞机研发。而这个计划的掌舵人就是当时波音公司的CEO——比尔·艾伦。

他之所以能够对那些董事会成员疏通成功，无疑就是因为一点：波音公司作为一家航空飞机制造商所担负的大义。

在南北战争中，北军有一个“解放奴隶”的大义名分，而南军却没有。在古巴革命中，卡斯特罗和格瓦拉之所以可以仅凭十二人的义勇兵就战胜了数万人的政府军队，凭借的就是“将民众从贫困和压迫中解放出来”的大义。

上升到国家这个概念，大义就相当于“国本”。

最重要的表达是“我们”，最不重要的表达是“我”

以自我为中心的人是不能够完成出色的工作的

大义就必须无私，就是要超越一己私欲而利他。

因此，注重大义的疏通主语常常是我们(We)。疏通的过程中，要尽可能地减少使用我（I），而用我们（We）来替换，这可以说是成为一名“杰出疏通者”的条件。

我们常常可以听见一些企业家说这样一句话：“在活动中最重要的表达是‘We’，最不重要的是‘I’。” 给这句话加上我的个人解释就有了下面这张表。表中由下而上，重要程度依次递减。

【The Most Important Words（最重要的语言）】

I admitted I made a mistake（我承认我犯了个错）

You did a good job（您有份好工作）

What is your opinion?（您的意见是？）

If you please（您请）

Thank you（谢谢）

We（我们）

【The Least Important Words（最不重要的语言）】

I（我）

这些语言的重要程度也完全符合疏通技能的要求。疏通中，尽可能选择使用那些重要度排在前列的六句。尤其是那些动辄就会与周围人发生摩擦的、积极又常有新想法的人们，就更应该有意识地选择这些语言了。

能让树大也不招风的小魔法

最基本的就是，主语不要使用“我(I)”，而是用“我们(We)”来代替。用团队关系替代个人关系，也就是用 We attitude（我们认为）代替 I attitude（我认为）。

比如说，不要说“我想这么做”而是“我们应该做出最好的选择”；不要说“按照我的想法……”而应该说“综合我们所有人的看法……”；不要说“在我所调查的范围内……”而说“经我们协商后的结果是……”。

所以，不只是利用语言表达的转换，同时也要将自己的行为往“We”中心上靠，这样一来，即便树大，也不会招风。

对于从语言表达上将“I（我）”换成“We（我们）”，似乎得心应手，但那些干劲十足积极向上的人似乎总会在行为上变得越来越主张“I（自我）”。

通过实施“We（我们）”型的疏通，可以使这个缺点得到大幅改善。

具备了大义和使命感，你将所向披靡

使命感会孕育生存价值

电影《生之欲》（1952年公映），可谓是黑泽明先生的作品中极负盛名的一部了。这部电影的主题是生活的意义以及生存价值，哲学意义浓厚。剧中描绘的主人公坚持不懈地进行疏通的场景，就是典型的弱势群体击败多数派的“少数派事前疏通”作风。

志村乔饰演的主人公——渡边勘治，是市政府市民课的课长。市民每天都会来向他反映，一下雨，那些低洼地带就会因蓄水变成大池塘，请他务必解决这个问题。但土地改良是一项牵涉多部门的大型议案，所以他只能放置一边不做处理。那时候的他对工作无热情，也不知道自己的生存价值是什么。

之后，渡边生了一场重病，得知自己剩余的日子不多，于是决心将自己余下的生命奉献给市民们，努力满足他们的需求。于是，他就拿出了自己曾经规划的洼地公园化的方案。之前，因为这个方案的实现实在困难，所以他一直没把它提出来。

主人公带着这个方案奔走于各个部门，向各位课长做了疏通工作。土木课、保健卫生课、设施课，还有一些附属部门，他都一一疏通。

电影《生之欲》里面的这位主人公并不是一个实力派。一开始，对于他提出的“洼地公园计划”，并没有一个人表示积极赞成。但即便如此，他依然不屈不挠，奔走于相关部门，就为得到各位课长的认同。他静静执行，绝不放弃。

他的“大义”就是作为市民课长的“职责”。而这个职责就是，将市民的呼声传达给市政府并且对此做出回应。这个回应就是那个大家都觉得很难实现的“洼地公园计划”。这个计划就是他的使命，使命顾名思义“用命拼搏”。

只要背负着大义和使命进行疏通，就必然会成功。所以这个周围人曾经都不看好的“洼地公园计划”最终还是得以实现。

在那个建成的公园里，主人公终于被病魔打倒，再也没能醒来。伴着那首《凤尾船之歌》，“生命短暂，恋爱吧，姑娘……”

即使瓦解一部分，形势也会逆转

电影《生之欲》所刻画出的这种，没有权势的少数派的主张最终成为全体的意愿的情况，在心理学上被叫作“少数派影响”。

要瓦解反对势力的多数派，有以下两个方法。

一种方法是，拿下关键人物，利用关键人物的领导能力和影响力将全体的意见由反对变成赞成。还有一种就是像《生之欲》里的那位主人公一样，晓之以理，动之以情，即便是没什么身份地位，也要坚持不懈地提出自己的主张，即使遭到反对和阻碍，也不气馁，不放弃。

用这两个方法，即便是力量薄弱的少数派也可以瓦解多数派，但若是没有使命感和大义，终究也是徒劳。

当有个人一直在你耳边说着“这是我们应该做的，是必须要做的”“一定会成功的，为了大家”这样的话，虽说是多数派，但也不会觉得自己所想的就一定是对的，因而，在被疏通的途中就会产生“也许是我自己错了吧，他的主张可能是对的” 这样的想法。

就这样一个接着一个地去做疏通，当反对的多数派中有一半被瓦解时，状况就会发生颠覆。坚持反对意见的人，因为周围都是赞同的声音，就会受到心理学上所说的“一致性压力”而容易和大家保持步调一致，这样一来，也就彻底获得了多数的高地。

强生集团实行的有大义的疏通

强生的公司信条

我曾经担任过强生集团日本分公司的社长。强生的“大义”直截了当地说，就是公司的信条——《我们的信念》（Our Credo），这是一段非常有名的话，在此我郑重引用。

《我们的信念》

第一条，我们要对每一位使用我们产品或者享受我们服务的医生、看护、病患以及以父母亲为首的所有顾客们负责。为了满足每一位顾客的需求，我们所进行的每一项活动都必须在品质上达到高水准。为了维持最合适的价格，我们必须时常做出努力来下调商品的原价。对于顾客的订单，我们必须迅速且准确地做出处理。我们必须向我们的客户提供提升适当利益的机会。

第二条，我们要对全公司职员——世界范围内工作的男性以及女性负责。确保职员们每一个人都能得到应有的尊重，必须认可这份尊重和价值。员工们必须能够安心地在公司工作。待遇必须公正且合理。工作环境必须干净整洁并且安全。必须关怀员工，让他们都能够充分地尽到对家庭的责任。必须为员工提供一个可以自由提出提案和意见的环境。必须为有能力的人平等地提供雇佣、能力开发以及晋升的机会。我们必须任命有能力的管理者，并且，这个任命必须公平公正且符合道义。

第三条，我们要对我们所生活、所工作的地域社会，甚至是全世界的共同社会负责。我们作为良好市民，必须为有益的社会事业以及福祉做贡献，必须承担合理的租税。我们必须参与那些有益于社会发展、健康推进以及教育改善的活动。我们使用的设施必须时刻保持良好的状态，必须为环境和资源保护做出努力。

第四条，我们要对公司的董事们负责。事业必须有健全的利益。我们必须尝试新的想法，继续研究开发，开发革新性的企划。必须补偿失败。必须导入新的设备，配备新的设施，将新产品导入到市场。为防备逆境时刻，必须提前做好资本积累。要坚信，只有让这些所有的原则都得到实施，我们的董事们才能享受到正当的报酬。

以信条为基础执行疏通

我还是强生日本分公司的社长时，曾碰到过一个问题。强生集团有一条社规：为保证员工的安全，全世界的强生公司，不得将办公室设在三层以上的楼层。

为了让员工们在灾难发生时，能够迅速并安全地避难，办公室的确不适合安排在高楼层。但各国的具体情况不同，总公司要求那些在高楼层设立办公室的分公司或当地法人搬新址。因此大家纷纷提出反驳。

有意见指出，搬新写字楼会产生多余的费用；也有人认为，搬到低楼层会影响工作效率。

那时，总公司执行部用《我们的信念》中第二条："员工们必须能够安心地在公司工作。待遇必须公正且合理。工作环境必须干净整洁并且安全。"也就是利用公司的经营理念和核心价值，来向各国、各地的领导层做疏通。

在强生，《我们的信念》是最高指导原则，大家很难坚持反对意见。因此，低楼层办公室的提案在董事会上得到了认可，同时也成为强生集团的社规。

日本人也很重视大义，有人甚至为了大义不惜做出违背经济原则的决定。这个人就是住友集团的第二任总理事伊庭贞刚。

为了平定"别子铜山"的纠纷，消除其对当地渔村和山林的污染，伊庭先生提出议案，要求将提炼所移到无人岛。

当时，公司的最高领导人是第一代总理事广濑宰平。听说了伊庭的建议，以广赖为首的董事们一致表示强烈反对。若是将提炼所迁移到荒岛，光是运送费用就会大幅提高。因此，从经济角度上来说，当时的经营者肯定是不会同意的。

但是，伊庭倡导"大义"，说："让别子山荒芜，有违天地正道。"最终大家都表示认可，并将这个提炼所搬到一个名叫四阪道，距离海岸很远的一个无人岛上。

这就证明了早在明治时期，就有日本人带着大义来向主管们进行疏通了。

疏通力

十十

疏通——就是要拿下关键人物

十十

1. 识别“关键人物是谁”的能力

美国宪法修正时，林肯一举拿下关键人物

紧要关头的疏通

历史上有很多依靠疏通完成的重大事件。

2013 年在日本公映的由史蒂文·斯皮尔伯格执导的电影《林肯》中，细致且戏剧性地描绘了林肯进行疏通的过程。

南北战争末期，北军胜利在即。林肯希望通过修改美国宪法第十三条，彻底废除奴隶制度，将奴隶解放变成恒久法案。要修正宪法就必须获得参、众两院三分之二以上的赞成票。当时的参议院里多数为林肯总统所属的共和党派，因而修正案先一步得到了认可。

虽然参议院很快就通过了宪法修正案，但众议院的情况却截然相反。共和党和反对修正案的民主党派，两股势力僵持不下。并且此时，共和党内部也有两个声音，一边为稳健派，希望通过宪法第十三条的修正，首先解放黑奴；另一方则为激进派，他们主张不只是要解放黑奴，还要给予他们美利坚合众国的国民应当享有的参政权。所以，如果林肯要让宪法第十三条修正顺利通过，除了要整合共和党派内部的意见，还要瓦解反对的民主党议员。但时间紧迫。

《解放宣言》是南北战争期间的暂定文件，战争一旦结束将不具备法律效力。因而宪法修正必须赶在战争结束前，必须让众议院在这个时间前全部通过，而且也不能让战争再无限期延长。

那时已然败退的南军有意进行战争终结的谈判。林肯心中，既希望尽快终结战争又希望完成奴隶解放。他一面受着煎熬，一面在有限的时间里全力奔走于各方进行疏通工作。

对共和党激进派的疏通具有至关重要的作用

为了拿下民主党派，林肯动员了大量的说客[1]。正如电影《林肯》中体现的一样，说客们首先选定那些看上去可以透过利益来瓦解的议员，然后再逐一攻破。只要让他们看到一丝丝的希望，必然全力以赴，奋战到底。那模样与其说是幕后操纵者，倒不如说是专业的营销人员。

能用利益瓦解的人就用利益来解决，愿意为权力倒戈的人就给他们权力。直到获得众议院过半数的认可，说客们都在反复地进行这种单线的疏通工作。

另一方面，对共和党派中激进派的疏通也是一道难题。激进派主张“黑人奴隶也要享受和普通国民一样的参政权”，不少议员却对此深感担忧。他们担心，如果给了黑人参政权，一旦他们占到了议会的多数，就会向白人展开复仇。他们认为这样的恐怖事件并非危言耸听。

如果不让激进派放弃这个主张，共和党内可能会出现反对

[1]（议院外）游说议员的人。

者。因而，林肯就亲自出面，和共和党激进派的关键人物进行疏通。

动摇关键人物的林肯名言

电影中，汤米·李·琼斯饰演的共和党议员撒迪厄斯·史蒂文斯是当时激进派的领头人物。一天晚上，林肯拜访了他，并说出了下面这段话。

“我有一颗直指正北的磁铁。但磁铁并不能告诉我这途中经过的河流和沼泽。倘若我落入途中的一条河流，抑或是陷入了沼泽无法动弹，那么我也就无法到达目的地了。”

他想表达的意思是，无论你选定的方向如何的正确，如果在途中溺毙，就永远到达不了目的地。以史蒂文斯为代表的这些激进派的主张很正确。如果仅仅是解放奴隶，确实只是完成了既定目标的一部分而已。

但林肯用这句简短的话告诉史蒂文斯：倘若为了实现目标而一味向前冲刺，一旦受到阻碍，就连第一步奴隶解放都无法达成。而如果现在不能够促成奴隶解放，实现最终目标就绝不可能。这样说来，先解放奴隶的做法，终归还是达成目标的正途。

林肯提出的事关成败的利益观点，使得史蒂文斯改变了想法，也使得激进派都同意了林肯的稳健路线。而且，这位选举区的大人物史蒂文斯对当地议员们也进行了略带威胁意味的强力疏通，这一举动让赞成派的议员大幅增加。就这样，终于在南北战争休战谈判前，决定解放奴隶的美利坚合众国宪法第十三条修正案在议会上通过了。

“在几何学的世界里，A 点到 B 点之间的距离直线最短。但在商务世界里就未必是直线了。因为途中会有山川，会有低谷。因而曲线常常可能变成两点间的最短距离。”这句话是我就职于日本可口可乐公司时，一位英国人主管教我的，我至今仍记忆犹新。

龙马看出“萨长同盟”的关键人物是西乡

倒幕（推翻幕府运动）时的疏通

日本也有通过疏通撼动历史的大人物。

比如说，幕府末期的志士中最具人气的坂本龙马（1836—1867 年，日本明治维新时代的维新志士，倒幕维新运动的活动家、思想家）。众所周知，正是这个人物让萨摩藩和长州藩结成了同盟。

当时，大家都明白萨摩藩和长州藩作为讨伐幕府的两大巨头必须联手，才能彻底推翻幕府。但问题是，这两个藩虽同是倒幕雄藩，却因过往宿怨而反目成仇。因此，为了促成他们达成同盟，和两藩的权威人物都有交情的龙马、中冈慎太郎这些志士，就充当了他们的中间人。

为了促成萨长同盟的会谈，龙马和中冈一群人对萨摩和长州的关键人物进行了疏通。中冈负责长州的关键人物桂小五郎，而龙马负责萨摩的关键人物西乡隆盛，二人为了萨、长能够联手努力奋斗。

但长州藩自从禁门之变以来就对萨摩藩有着强烈的憎恶之情。即使他们心里也清楚，和萨摩联盟的话，倒幕运动将更有把握，而且，萨摩成为自己的同盟也会减少从幕府受到攻击的威胁，也就是说出于理和利益的角度可以接受，但他们的内心无法允许自己和萨摩藩联手对敌。

但即便如此，以“为了日本”这一大义作为行动指南的龙马和中冈一行人并没有放弃，依旧拼命地说服他们。而这场以大义为背景的疏通最终取得了成功，让桂小五郎等长州藩的重要人物都为之动容。

另一方面，萨摩藩那边也有问题，他们的藩主岛津久光讨厌长州藩。对藩主的疏通不能由龙马进行，龙马只能将希望寄托在藩士的西乡隆盛身上。为了回应龙马的期望，西乡也在这场困难重重的疏通中取得了完美的胜利。

顾及对方的面子也是疏通工作必会技能之一

姗姗来迟的龙马在询问会谈的情形后大为吃惊。想要打开目前胶着的状态就必须要有一方做出让步，优先开口。而龙马看出这个关键人物，就是萨摩身边的西乡。

其实长州藩已经被幕府逼得走投无路。如果由出于不利地位的长州藩开口说同盟，就仿佛是请求萨摩藩帮扶一样，长州藩的面子会挂不住。因此龙马做了一次疏通工作，希望同盟的话题由目前处于有利地位的萨摩藩开口。

龙马认为，如果是西乡，他一定能够理解同盟的大义，可以保全目前处于不利地位的长州藩的颜面，促成两藩的同盟。龙马把这场会谈的成败，赌在了西乡身上。西乡也答应全力以赴。但那时桂小五郎觉得同盟已经无望，已经做好了返程准备。

西乡对岛津久光的疏通十分成功，会谈再次召开，萨摩藩向长州藩提出了同盟的请求。就这样，在坂本龙马的现场促成下，庆应二年（1866 年）一月二十日，萨长同盟正式达成。

巩固好 20% 就可以拿下 80%

一个关键人物的动向决定了整体的趋势

决定日本天下的战争——关原之战（日本史上最大战役，以德川家康率领的东军对抗石田三成的西军。战争的胜负决定了谁坐拥日本天下），实际上靠着疏通取得的胜负。

从表面兵力来看，西军兵力为八万到八万五千人，处于有利地位，而东军兵力七万到七万五千人，处于不利地位。东军的大将德川家康若要取得胜利，就得想方设法拉拢各地的武将们，让他们到东军来。

为此，家康向各地的武将们寄去了信函，努力策动或拉拢他们，力求让他们中的一些成为自己的同盟。但直至决战当日，形势仍旧不甚明朗。

当时的关键人物是小早川秀秋（小早川是当时幕府丰臣秀吉的养子，因为这层关系，许多武将都为他马首是瞻）。只要得到小早川的支持，无疑就是得到了多数支持。石田自然也明白这一点，对小早川也进行了疏通工作。但小早川并不明确自己要去哪边。

很多武将都确信小早川的动向将牵引成功的方向，小早川也就顺势成了决定此战成败的关键人物。作战当天，战斗已经开始了，武将们仍在旁观望，丝毫没有参与之意，他们都在关注着小早川的动向。

家康明白，各位武将都是要随着小早川的动向而动，所以即便身处战地，也向小早川发出了数封书状，拉拢他成为自己的同盟。当然，石田那边也做了同样的事。但即便如此，小早川还是犹豫不决。

气恼的家康最终命令军队向小早川的营地发起炮弹攻击。这就是威胁的一击。

收到家康的强烈督促，小早川选择了东军，也就是德川军队，那些一直关注着他动向的武将们乘势也加入了东军，就这样，关原之战中东军迎来了最终胜利。

控制住 20% 的关键人物，60% 的人就会随从，拿下 80% 就不会有反对的声音

正如上面这位小早川的事例一样，局部对整体产生巨大影响的事例还有很多。

意大利有一位经济学家名叫帕雷托，他有一条很著名的法则，即“80% 的结果，取决于 20% 的原因”，用一个具体的例子来解读这个法则的话，那就是“80% 的营业额取决于 20% 的商品”“80% 的营业额由 20% 的员工创造”。

面对由多数人影响成败的局面，拿下 20% 的关键人物，就可以赢得多数。所谓关键人物就是对其他人存在影响力的人。

具有影响力的人物是指有实力、有领导风范、有威望的人，还有一些无关个人魅力，像小早川那样在集团组织内偶然处于关键人物位置的那些人。

小早川是关原之战的关键人物，他对那些处于观望状态的武将们有着很大影响力。因此家康无论使出什么手段都要让小早川成为自己的同盟。

我们可以看到，如果一个集团的机械性结构失衡，就会产生倾斜的状况。一般来说，由多数决定成败的局面，当中有 20% 的关键人物，剩下的 80% 当中，有 60% 是浮动票。回到关原之战来说，那些观望着小早川动向的武将们，就是这里的浮动票。剩下的 20% 是不赞成组，也就是既不明确表示反对，也不会投赞成票的人。

“2:6:2”这其中，6 是跟随着关键人物的动向采取行动的，所以掌握 20% 的关键人物就等同于掌握了 80%。

在讨厌摩擦的日本，只要拿下 80%，剩下 20% 的不赞成组，也会迫于“原则一致性的压力”最终选择“消极赞成”。即使是消极的，但赞成就是赞成，最终会议上就是全数通过，决议就可以下达。

那么，仅是拿下 20% 的关键人物疏通就成功了吗？我们并不能这么说。如果仅是对这 20% 的关键人物恭敬有礼而忽略了其余的 80% 的话，就会得罪那些应当投赞成票的 60% 的心情，进而使得他们投向对方阵营。

特别是此时，反对你的人开始疏通的话，成败就会瞬息间逆转。正如我之前说过的，务必记得，你在进行疏通工作的同时，你的对手也在做着同样的事。

虽然家康知道小早川是关键人物，但对余下的各位将领他也同样恭敬地递出了书简，进行疏通。当然，石田那边也在不断地进行疏通。虽然关原之战是东军取得了胜利，但在战斗背后绝对是一场拉锯战，不到最后关头双方都不知道胜利最终会花落谁家。

所以,疏通需要让每一个人都觉得“自己是最受重视的那位”，需要积极恭敬地去完成。这也是协调的铁律之一。另外，疏通中，在向对方展示 Interest（趣味、关心）的基础上，如果能够再给予对方另一个 Interest（给对方带去的利益），这样一来就可以让对方向自己的阵营靠拢。请务必牢记这两个“Interest”。

判断谁是关键人物不是只看头衔

目标是削减 30% 的成本

泡沫经济崩溃之后，日本经济大受影响，我也遭遇公司营业额好一阵子都无法突破的瓶颈。

当时由我担任社长的公司经营的主力商品，在超市、药局，还有当时势头强劲的药妆店里均有贩卖。

大环境不景气，各家店铺都在打“价格战”并且日益激化，这类行为自然也波及我们生产厂家。在工厂的出货量受到控制的情况下，即便增加出货数量，营业额也并不能提升。由于每一家店铺的利润都非常糟糕，因此，我立即下令，要求削减 30% 物流成本。

我们公司的制造成本与世界各大集团公司相比基本维系在同一水平，但物流成本太高，这一点之前就被指出来过，所以我想利用这次机会进行一次大的整改。

削减 30% 从数字上来看是一个 Extreme（极端）的目标。但如果没有这种程度的积极意愿，成本削减根本就是不可能的任务。有些经营者也认为：“如果以 10%、20% 这样的数字作考量的话，只能出来一些小心谨慎的改善措施。但从三倍的角度出发，能激发出一些大胆革新的思维。”

我快速地向物流主管下达了指示，要求他们重新核算物流成本。结果发现，就包装材料以及保管费用来说，我们集团较之世界其他集团公司略高，其中使得物流成本显著上升的当属运送费用。

深度清点下去发现，在运送费用中，为应对临时订单而付出的运送费用很高。因为是客户加急订单，不得不尽快发出商品，因此，即便没有达到合适的积载量也要发动运送车辆。有时候甚至会发生比较极端的事件，客户需要的货物就一个瓦楞纸箱，却不得不动用一辆大卡车运送出货。

既然我们在应对紧急情况时支付的运输费用偏高，那么理应是可以通过减少紧急状况来降低运送费用的。因而，我命令下属调查紧急状况，也就是临时情况的发生原因。

物流主管的调查结果显示，临时订单的产生原因主要是由收发订单时出错，以及出货作业时失误引起的缺货。客户端该入库的商品没有入库，所以我们公司就必须火速把货补齐送过去。

通过深度调查我们总结出，缺货责任分为两种：一者是我们公司的责任，而另一者则是出于客户，也就是下单人的失误。

如果是我们公司的责任，即便是花再高的费用也应当及时应对；但如果是客户的失误，例如下单时遗漏或者订错商品等等，对于此类紧急订单，我提出了希望由客户来承担运送费用的意见。

而从这个想法出发，我们就不得不去对客户们进行一连串艰难的疏通工作。

公司的成本削减对客户来说也是一种成本削减

在对客户进行疏通之前，首先应当完成公司内部的疏通。因为这个想法是社长提出的，因此等于已经拿下了顶头主管，所以协调工作可以顺利开展。

当时，我们公司与客户端都已经导入了时下最先进的收发订单系统。但有些客户对于实际操作的原则并不是很清楚。加上操作规则非常严格，所以即使给订货时加上特别的限制条件，但只要不符合规则，系统就不会接受订单。

但是，得知我们要加上的条件是不对应加急订单，销售人员当即纷纷表示强烈反对，他们去向客户说明的时候必然是要被斥责的。因此，我就将严格遵守原则的 Logic（理）和 Benefit（利益）一一向他们道明。

加急订单不仅仅会为我们公司带来损失，对于客户也是有百害而无一利的。这是因为，客户那边也会有自己的销售计划，这个销售计划和订货计划相辅相成，如期订货，才能保证销售达到最佳成效。但如果出现加急订单，就意味着客户那边的销售计划也会相应地发生预料之外的错乱。

如果按照下单系统，严格遵守操作原则的话，不仅对于我们公司有好处，对于客户也是大有裨益的。因此，我坦言这个方针势必是要贯彻执行的。

对现场工作人员进行的疏通才是卓有成效的

正常情况下，我们的商品先会被发送到客户们的流通仓库，然后再下发至区域内的各家店铺。

我们会负责公司到流通仓库的运输费用，至于流通仓库到各家店铺的运输费用，则是由客户承担。一旦出现缺货的情况，除了增加我们的成本，客户也不得不再一次把商品从仓库运送到店铺，因而，这部分费用对于客户来说应该也是希望削减的成本损耗。

此外，如果因为下单遗漏而导致商品不能如期到达，卖场的销售计划就要滞后。销售计划延迟和营业额下降是相连的。这应该也是客户想极力避免的。

对客户而言，只要严格遵守操作规则，就可以省去这些不必要的麻烦。不过，要让客户明白这个道理绝非易事，我还是希望尽力避免与客户之间的矛盾。

因此，在和客户代表们协商之前，我决定先对相关人员展开充分的疏通。那时最有成效的就是对客户流通仓库的现场领头人，还有卖场实际负责人的同僚们进行疏通。

现场的工作人员都曾经因为自己人犯了错而倍受困扰，比如说无数次反复处理工作，或者无法按进度完成工作等。所以他们一听说我们公司的负责人呼吁要严格遵守操作规则，立刻就表示赞同。

而各大店铺的店长或是发单中心的所长，这些干部对于提案的回应如预想中一样，都一致表示不想听到这样任性妄为的话。

但是，流通仓库和卖场的现场工作人员都一致表示赞成，这些呼声也传到了店长和中心所长的耳朵里。自家职员提出异议的话，即便是店长或是所长，也无法无视我们的提案了。

接着，我们公司的销售人员继续努力说明，让他们明白遵守操作原则的效果，他们最终还是接受了我们提出的要求。

因利而聚，必定因利而散

成功的现场疏通力

我再来做些补充。通常我们应该向那些有决策权的相关人士进行疏通，在流通仓库和卖场工作的职员们并不是我们疏通的主要对象。因为他们并不是直接关系到订单的决策，所以我们起初锁定的疏通对象，是店长，采购、订单中心的所长和干部等等这些相关责任人。

但是，我们公司负责客户卖场业务的销售人员，以及对应流通仓库业务的主管提出建议："也应该参考卖场的职员们还有流通仓库员工的意见。毕竟，实地操作的就是他们。"

因为"现场主义"（又称"漫步式管理"）的另一种解释是："现场，是问题发生的根源所在，也是问题被解决的最终场所。"这一点可以说是我的行为指南，因而我是不会反对的。所以我简单回复一句："我知道了，你们好好干。"然后他们就行动起来，结果果然让他们实现了由下而上，由现场来调动上层的效果。

这个现场疏通大作战的成功是全公司人员的功劳。他们并没有受到店长或是所长这类头衔的影响，找到了问题的核心所在。

我们的方案终于取得了成功，但同时却也让各店铺的店长或是调度中心的所长和干部们颜面尽失。因此，为了顾忌他们的感受，我们又进行了系统改良。力求客户的店铺和调度中心的失误能够被防患于未然。

这笔系统改良的费用由我们公司承担。我仅介绍其中的一部分内容吧。我们建立了一个警报系统，事先输入客户的销售计划、订单计划。当客户端发出原有计划中没有的订单时，抑或是发生计划中并不存在的订单时，系统会自动发出警报。

实施系统改良之后，客户的订单失误率减少了一半，这就是我们公司向客户提供的 Benefit（利益）。而客户的订单失误减少也相应地会使我们公司的利益上升。虽然过程艰辛，但这样一来确实实现了双赢。

我们公司在各部门主管的辛勤努力下，虽然增加了改良系统的成本，但仅在一年内就实现了让物流费用整体削减 30% 的目标。

比起提供利益，获得理解才是疏通的重点

我从一位经营企业的朋友那边，听到过类似的一个案例。

朋友的公司为了寻求物流费的使用高效性，希望客户端的量贩店也引进同样的系统，而引进费用由公司和量贩店双方均摊。引进新系统对于朋友的公司也好，客户也好，都是有利无害的。

为此，朋友公司的员工们就一家一家地去做说明，并获得了不少认可。但有一家店就提出异议，声称如果按这个条件的话，就取消合作。

奇怪的是，这位店主当初明明是第一个点头应允提案的，所以朋友就让负责的员工确认一下怎么回事。后来才知道，原来朋友公司的竞争对手也向这位店主提出了相同的请求，那边提出的条件是引进费用全部由厂方负责。因此这位店主决定和这家厂商达成贸易往来关系。

表面看来，我朋友提供的条件确实不如竞争对手的，但他们会着力在客户端培养系统负责人，先前提到的费用是包含这项教育培训费用的，而他们的竞争厂家只提到设备和系统的费用。所以，简单说来，虽然这位店主需要支付一半的费用，但可以免去后期人员培训的烦琐。

虽然朋友事先就向这位店主说明过这一点，表示“如果不在自家培养起会运用系统的专业人士的话，就有可能使得系统无法长期有效地运转，或者引用费用会相对较高”，而这位店主当时应该是点头的，但显然并没有理解。

单纯为了眼前 Benefit（利益）而选择同步，最终也会因为利益而散。所以能否让对方理解长远利益的Logic（理），是疏通工作能否真正成功的重要因素。这就是这位朋友教会我的东西。

2. 对象、类别不同的关键人物的拿下方法

疏通的秘诀在于长官经营

六分褒奖四分异议

很少会有人不喜欢被赞扬。六分褒奖四分异议，这是长官经营的基本原则。也就是说，六分赞扬，剩下的四分用来陈述自己的意见或者异议。用拿破仑都无法抵抗的褒奖作为利器，直击对方的内心，这才是重要的技巧。话说到这里，大家应该都明白了吧。

在疏通的过程中要想拿下关键人物，窍门就在于这个“长官经营”。这里要注意的是，“长官经营”的精髓并非在于专业技能，而是人际交往能力，即与主管之间人际关系的构建能力。

欧美的疏通方式更偏商务性，但其实质还是在于人际交往能

力。其人际交往能力的核心是 Logic（理）和 Benefit（利益）。

人际交往能力，究其根本还是要会与人沟通交流。因此，要想提高人际交往能力就必须提高自己的沟通交流能力。

有勇气的反驳不会带来负面影响

为了让大家不产生误解，我再补充些内容。“长官经营”的基本原则是六分褒奖四分异议，但真正的长官，他们等级越高就越具备识别有能之士的眼力。

社长是一个公司最高权力者，因此无论他说什么，绝大多数人都只会回复好。但说实话，我几乎没见过只会点头附和的员工。虽然社长位高权重，但这并不意味着他们对于自己的意见或者想法有着绝对自信，因此，他们会对不同意见相当敏感，通常会做出这样的反应：“咦，我是不是遗漏了什么？”

当然，被反驳总不是一件会令人愉悦的事情。即使有些人会说欢迎大家提出异议，但实际上他们并不会因为受到反驳而容颜大悦，但一定会留下深刻印象。当然，至于那段记忆是好的还是坏的，就要取决于反驳的内容和表达方式了。俗话说，一句话能成事亦能败事。即便是同样的内容，表达方式不同对方接收到的态度也会有所不同。

比如说我们在讨论人事调动时，通常会倾向于给那些自己有印象的人安排有利的位置，特别是给自己留下积极印象的人。其实，带着勇气提出异议，在公司内部并不一定就是真的带来负面影响，我询问过许多日本大公司的社长，他们给我的答案都是这样的。

赞扬也有方法

最有效果的赞美，就是说些对方可以接受的优点。当然，这些褒奖的内容必须建立在事实的基础上。拿破仑之所以能被褒奖之词所笼络，就是因为他摒弃那些平时一味阿谀奉承，尽是说些空泛的谄媚之词的官员。

在英语中，人们把那些不切实际的赞美说成“flattery”，而把发自内心的褒奖称为“compliment”，前者就是阿谀奉承，后者则是由衷赞美。褒奖他人就是要把别人暗暗自诩的部分完美自然地表达出来，这就是门道。

疏通也是团队合作

身份对等的疏通

在展现尊重对方的礼仪中，有一条“身份对等”。信件访问另当别说，但凡是商议某件事的正式会谈场合，原则上都是大臣对大臣，政府机构的事务人员对对方国家的事务人员。

那些两国间的协定，通常都是总统和总统商谈，一定不会是外交部部长和总统会谈。在极度重视对方面子的疏通中，会特别在意“身份对等”这一条。而在高水准的疏通力中这条原则也有一定程度的体现。

疏通时，关键人物应该是董事或高层人物。这样的情况下，如果派一位课长去和对方的董事进行疏通显然并非良策。这么做会让接受疏通的董事觉得“为什么董事没有来”，说得再露骨一些，就是会让他们觉得“你们是不是瞧不起我”。

工作不是一个人就能完成的。疏通也是一样，多半都是需要团队合作的。因此，团队合作极佳的部门疏通的质量好，成功率也高。而想要拥有优质的团队合作，平时就要把相互的信任和沟通以及个人平素的品行放在心上。

平素的品行通常体现在待人处事的态度或习惯上。假设你是课长，是某件提案的提出人。结束了部门内部的疏通后，要去其他部门进行疏通时，就必须要找到其他部门的课长。

如果某位课长临时提醒你："现在正好我们部长有空，你要不要也和他谈一谈。"这个时候你该怎么回答呢?

最妥当的回答是："请转达你们的部长，我会请我们的部长和他详谈。"就算那位课长是出于善意，但如果你直接越过自己的部长而和对方部门的部长直接对话，必然会损伤你部长的颜面，可能会给自己的团队埋下不必要的祸根。换言之，一个微不足道的态度，一个不经意的失误，就会给团队合作带来负面影响，甚至会影响别人对你的评价。

就实务而言，部长之间的谈话，比起课长级要高出一段或者两段。如果你不慎触碰了这个开关，用课长的身份和部长对话，一个稍不留神，就会因为双方意见分歧而产生摩擦。为了避免此类事件的发生，"身份对等"的概念就显得极其重要

无论是谁的主意，疏通时必须认定是自己的

假设某个提案的提出者是课长，那么在那些必须是部长对部

长，抑或是董事对董事的疏通中，为了配合“身份对等”原则，提案就必须拜托给作为疏通者的主管，自己只能默默看着。

这时候课长也许会担心：“他们会认真去谈这个并非自己提出的方案吗？”我只想说，这完全是杞人忧天。

要知道，人一旦认可某件东西，就会有将其实现的欲望。将自己认可的东西推翻是会伴随极大的心理苦痛的。

也就是说，即使是自己下属的提案，只要自己认可了，就一定会当成是自己的想法一样对待。因此，即使原先是课长的方案，也是可以安心地拜托给董事或部长的。

一边制订预想内的问答集，一边倾听

记录全程，制作问答集

在日本的政府机关里，如果要实行新法案或者新政策，一定要进行深度事前疏通。为了让方案能够在议会上坚持下去，经得起盘问，他们事先就会预备好问答集。

而这个预想问答集就是基于事前疏通时相关人员的异议、

反驳或疑问制作而成。官员们进行初期阶段的事前疏通的目的在于，给意见统一奠定基石，为制作问答集收集资料。因此官员们会两人一组进行疏通，一人负责和对方谈话，而另一人则目不斜视地专心记录全程。他的记录内容就是后续的预想问答集的原始数据。

凭借记录内容，我们可以知道对于这个提案，对方有怎样的疑惑，为什么反感？如果不能完美地消除他们这些疑惑或反感，案子是不是就会胎死腹中？还是只要消除一部分，案子就可以顺利推进？

问答集对于任何行业都同样适用。假设一个方案已经到了高层协商的阶段，遵循先前的“身份对等”原则，由我方向对方递交一份问答集，让对方了解来龙去脉，这对于起先并不十分清楚提案的人来说，就是一个强有力的工具。

如果是在政府里，为了制作问答集，那些事务人员会特别努力，特别是年轻的事务人员。他们不仅会记录全程，还会把所有自己能够预想到的问题都写下来，所以即使实际碰到的问题可能都达不到全部内容的十分之一，也并不意味着他们的努力就白费了。

至少在制作问答集的过程中所获取的数据，对于提高提案的精细度以及说服力是很有意义的。

制作方和使用方紧密相连的疏通

无论什么事，在它完成之前一定要带着批判的眼光审视。但通常情况下一旦事前疏通成功，之后基本上就没有人会用批判的眼光来检验了。

日本发明的民航飞机 YS-11 已经退出历史舞台多时。但开发当时，也就是 1959 年，那是一项由“零”式战斗机的设计者堀越二郎等昭和日本的杰出技术人员们组成的官民一体的工程。

最初 YS-11 的机体设计图上并没有乘客搭乘用的云梯。为了能够延长续航距离，加快飞行速度，开发人员把机体的轻量化作为第一考量要素。并且，他们认为，机场已经有扶梯，机身并不需要安装云梯设备。

但事实是当时日本国内的许多地方机场并没有登机扶梯。如果有一架飞机，乘客们既不能搭乘又不能着陆，即便完成了也不能作为客用机。

不知道是不是因为这个工程是上级直接下达的，因而对飞机使用方的疏通明显不足。

一件产品会有“制作方”和“使用方”，如果不能从这两方的视角来审视的话，就会发生意想不到的不便。因此，疏通过程中重要的不是展现个人观点，而是在此之前的前项工程——倾听。

世界通用的疏通准则中重要的一项也是倾听（Listen）。

所谓疏通达人就是要通过对方的言辞来推测他的本意，从而找到他的妥协点，然后成功拿下。疏通绝不是单方面地说服。

疏通的功绩一开始就当礼物献给主管吧

对女性和主管都可以用“礼物”攻略

“辛辛苦苦完成了疏通，但这难得的功劳竟然被主管抢去了。”这是我经常听见的话。若是要让我评评理，我会认为说这种话的人太不识相。因为从一开始，就应该把功绩全部奉献给主管当作礼物。一般说来，东西被夺走的话，就肯定拿不回来了。但如果是礼物的话，必定有来有往。而且，你可能也会因此得到一个和主管建立起良好关系的机会。

年轻时，当我听到主管煞有介事地把我一手提升的业绩说成是他的的时候，会非常愤慨。所以我就把这件事说给一个靠得住的前辈听，然后大肆埋怨。那时候，前辈就对我说了这些话："我们为了讨女孩欢心不是会送礼物吗？其实对主管也是一样的。请你把自己的功劳当成礼物送给主管吧。"

此后，每次业绩得到提升，我都会有意识地向大家吹捧说："这次工作能够顺利完成都仰仗 ** 部长。"我努力实践一句："错是自己的，功劳是主管的。"长此以往，某一天，部长就来询问我。

"你总说，你自己提升的业绩是托了我的福，为什么这么说呢？"

我把从前辈那儿听来的建议稍稍做了些调整，按照自己的理解重新组织，解开了部长的疑惑。

"** 前辈告诉过我，业绩并非靠我一人就能完成。如果没有团队的协助，我不可能达成那么漂亮的业绩，所有成果都是多亏有团队的支持。而统筹这个团队的就是领导者，因此赞扬领导者是理所当然的。"

结果，礼物作战成功奏效。从那以后，我和部长之间的距离一点点靠近，也渐渐建立起良好的关系。（其实无论你送不送给主管这份礼，他都拿走了，不是吗？）

疏通中真正的功臣往往并不显眼

既然方案的决策权在董事会那儿，成果自然不会落到提案者身上。而多半会变成斡旋官员的功劳。

朝日啤酒曾经因为业绩低迷而被揶揄是“夕阳啤酒”，但之后凭借一款超人气产品——舒波乐，朝日又重新登上业界龙头的宝座。这款啤酒从开发到售卖，再到成为人气商品，共经历了三代社长。

而最受追捧的是这款啤酒成为人气单品时的社长，下令决定开发的社长以及产品刚刚完成时候的社长并不为人所知。

吉川英治（1892—1963）写过这样的句子：“菊花被公然展示时，栽培者藏身其后。”意思是，菊花被公开展示时，真正的功臣，也就是栽培菊花的人，往往会被人们所忽视。

我在之前的内容中也有说过，促成中美国建交的美方幕后功臣是亨利·基辛格，但当时备受瞩目的是尼克松总统，甚至，基辛格是真正的协调者这个事实，直至后来也鲜少为人所知。在中美建交中，基辛格就是名副其实的“幕后”功臣。

疏通就是这样的，若非这样，疏通也不会成功。

真正的功臣绝不高调，绝不自我标榜。这是世界通用的疏通准则的铁律。

3. 应对刁钻的关键人物的秘诀

越是不擅长去应对的对手，疏通时越是要花费时间精力

2500 年前，人们就在为人际关系苦恼。

大家也会困惑："要是关键人物是自己不善应对的人，可怎么办？"总之，要是需要对自己讨厌的人，或是自己不善应对的人进行疏通，光是想想就忧郁不已。

佛教的"四苦八苦"里有一条"怨憎会苦"。"四苦八苦"就是指，在生老病死（生的苦痛，老去的苦痛，生病的苦痛，死亡的苦痛）的基础上加上爱别离苦（不得不与自己所爱的人或物分离的苦痛）、怨憎会苦（不得不去见自己憎恶之人的苦痛）、求不得苦（求而不得的苦痛）、五蕴盛苦（产生心身之动的苦痛）这四苦，一共八苦。

自己不善应对的人是关键人物，而你又不得不去对他进行疏通，此时你心中的忧郁就是所谓的“怨憎会苦”。可见2500年前，人们在社会生活中就已经有那种不得不去见自己讨厌的人的情况了。我想当时的人必定也会因此而苦痛的。

跨越2500年也没有得到解决的问题，当然应该设法解决。但只要想到现在自己正在愁苦的事情，从过去开始就是大家都会忧心的事，心里大概可以舒服一点吧。

再者，人类本来就是会误解和自我暗示的生物。有因误解而讨厌别人的可能，自然也会有通过自我暗示来改变对自己原先讨厌的人的印象的可能。下面，我想就如何对自己讨厌的人或者不善应对的人进行疏通，稍稍谈几点。

首先要关心对方

首先你要足够了解对方。最基本的做法就是，去接近那些和此人关系较为亲近的人。如果这个你讨厌的人在别的部门，你平时就要去和他所在部门的同事或者和他关系亲近的人多接触，以便获得情报。

如果这个你不善应对的人是你的主管，那么你就要跟那些与你主管交好的人打听，或者趁机对你的主管多些关心，好好观察他的言行举止。（一般情况下，对于自己不善应对的人，我们平时都不会带着好奇去观察）

了解对方的目的并不是为了找到对方的弱点，疏通时好加以运用。而是创造一种可能，那就是在好好了解对方的过程中，也许会意外地发现这个你一直讨厌的人身上也有很多优点。

理由就姑且不说了，对特定的人表示关心，凭这一条就可以缩短彼此内心的距离。简单来说，想去了解别人，就会自发地去关心。然后，当你带着这样的关心去观察对方，心中渐渐地就会生出对对方的好感来。只要有了一些好感，对方就会回馈好感。心理学上把这种心理动态称为“好感的互惠性”。

通过对对方的关心来缩短彼此间的距离，相互间的谈话可以从共同话题出发。仅是这样，人际关系就已经得到了相当大的改善。总之，就是要好好了解对方，认可对方的优点。

好恶都是因误解或自我暗示产生的

事实上，只要试着接近对方就会发现，即便是那个你避之唯恐不及的人，也有可能在一些小事上让你滋生出些许好感来。人类是通过误解和自我暗示来认识这个世界的。我认为这样说并非言过其实。

我也曾有过一位我不善应对的主管。记忆里，我们只要一碰面就会争执不休，从来没有一次心平气和、和睦融融的交谈。

由于这样的理由，我就总是回避主管，也深信他并不愿意见到我。总之，我就是觉得这位主管肯定讨厌我，肯定不会给我什么正面评价，所以我也讨厌他。

但是，几年后公司有人事调动，这位主管对我下达内部指示说："这次调动，我推荐你去企划本部担任课长，应该没什么问题。和你的讨论总是十分有趣，企划本部一直是公司的中枢部门，以后你可要好好加把劲。"

那是我生平第一次真切地感受到"管窥蠡测"这四个字的含义。

这个瞬间我才明白，"主管讨厌我""不会给我正面评价"这些都是我单方面的误解。就因为我总是故意躲避对方的眼神，从未想过要去看清事实。

误会解除后，我也从讨厌主管的心理暗示中清醒过来，看他的眼光也不一样了，也开始喜欢起这位主管了。

其实只要拨开这层"假面具"，人的好恶有时就是这么单纯。

寻找最佳媒介

疏通也是情报战

《孙子兵法》有云："知己知彼，百战不殆。"在孙子所在的时代，情报就已经是有价值的资源。那么，我们应该如何收集情报呢？

记住一点即可，情报都聚集在散布情报的人身边。

虽然人们常常以为，要获得有力的情报，就必须通过某些特别的路径或者技能，但其实这件事普通人就可以办到。只要在听别人说话时，有意识地去思考，这些话是为谁而说，对谁有利。

很多人只会对自己能够从中获益的话题敏感，从来不去关心那些牵涉到他人利益的事情。但如果你可以为他人所不为，那么仅凭这点，你就能为自己带来一个巨大优势。几个人一起听同一段话，有想法的人就会倾注全部注意力，即便是那些与自己无关的事情也不会疏漏，因此就可以把握全部重要信息。这样一来，久而久之，他就比别人要敏锐得多，感知度也会相对较高。

因此，即便是大家都知道的一般情报，也可以给其加上附加价值来提供给别人。而得到这个情报的人，必然会用别的情报来回报给你。这样一来，情报就会在提供情报的人身边聚集。

此外，周围的人也会对这个平常就不断给自己提供情报的人产生好感，这样一来，在这个人想要进行有关公司或是个人的情报搜集时，总能轻易地获得他人协助。

疏通重不在人而在事

对疏通的对象表示关心，是改善人际关系的第一步。但即便如此，有些事远没有想象中那么简单。

即便你给自己无数次心理暗示“对方是欣赏我的，我也同样欣赏他”，但总有暗示并不奏效的时候。

而且，这个疏通的对象之前与你可能并没有什么接触，也有可能是公司外的人，根本谈不上喜欢还是讨厌。出现这样的情况，又该如何应对呢？

最有效的手段就是，找到一个和关键人物有深交，双方有互信基础的人，请他作为中间人，为你们从中介绍。如果你不能直接找到那个足够有影响力的中间人，那就找中间人的中间人。有句话是这样说的：“朋友的朋友也是朋友”，所以中间人的中间人有几个都不是问题。

找中间人必然还是偏向自己社交网络里的人，先要试着询问大家跟这个关键人物是否亲近，或者，是不是知道谁和这个人比较要好。人脉的价值就是在此时反映出来的。另外，我们也可以试着去勾画出协调对象的人际关系图。让它可视化之后，也许会有一些新的发现。

但我们一定也会有无论怎么努力都没能找到好的中间人的时候，又或者自我暗示没法奏效的时候，是不是就只能放弃呢?

绝非如此。疏通能否成功从来不是靠人，而是靠事。

虽然实施疏通的是人，但疏通的主体是方案，事情的本身。

俗话说："一个巴掌拍不响。"就算你想要和对方建立良好的人际关系，也要对方接受才行。当我们整颗心扑在上面的时候，往往容易把注意力都放在人身上，而忽略重点。其实重要的是方案，只要对方足够认同方案，即使关系并不十分融洽也无伤大雅。换句话说，与对方建立关系只是帮助协调工作顺利进行，并不代表它是影响全局的绝对关键。

拿下刁钻关键人物的“大象技能”

将不可能变成可能的超强技能

美国人经常使用的，将看似毫无可能的事情变成可能的技能之中，有一招“大象技能”。“大象技能”是指，吞下大象的技能。当然，这并不是说把大象做成菜品然后食用。那这究竟是什么意思呢？想象一个画面，一头象那么巨大，看起来似乎无从下口，但如果把它切成小块，那么吃下去也似乎不是不可以。也就是说，即便是看上去几乎无法解决的事情，只要将其细细划分，就一定会有解决方案。将问题细化，从可以解决的地方逐个击破，那么任何难题都会有解决之道。

在多数决议的背景下实施疏通时，也会出现这样的情况：关键人物是明显的反对派，几乎没有拿下的可能性。应对这样的人所需要的就是“大象技能”。

即便关键人物对方案不予认同，但这并不代表他对方案的全部都不认同，一个方案里绝对有可以让对方能够认同的部分的。“大象技能”就是要寻找对方能够认同的点，即便它再微不足道都没关系。先找到那些双方能够达成共识的点，然后继续努力。

慢慢将对方能够认同的点累积起来，逐渐地让对方反对的面积缩小。每一个小小的共识都是和整体的共识紧密相连的。

以小成绩为契机向着大目标进发

虽然下面的内容可能跟疏通技能相关不大，但我还是来介绍一个靠着小的共识，最终得以改变全局的案例吧。这件事发生在我担任社长带领团队研发新产品成功的时候。

新产品做好充分准备投入市场后，反应并不热烈。尽管开发人员拼命努力，但距离目标数字仍然还有很大距离。因为这件商品是全公司上下寄予厚望的，所以我不能袖手旁观。因此我建议用“大象技能”的方式达成目标。

实际情况大家都心知肚明，新产品的年营业额肯定无法达到先前设定的年度目标值。因此我用逆向思维：设定 11 月到 12 月这个区间，要求在这两个月间，大家全身心投入，争取创造出一个最高营业记录。

我向公司的同仁们口头陈述了现状，就算列举出新产品的问题点也无济于事，与其维持现状，不如试着做做看，看看大家全身心投入究竟能达成多少营业额。为此我毅然决然地批准了促进销售的预算，全体员工士气大振。同时，为了让员工们的士气可以在 12 月的时候更加高涨，公司举办了各类鼓舞士气的活动，12 月份也策划了压轴项目。

结果，新产品 11 月份的营业额就被提升到了年度目标值的月均额以上，而 12 月份又在此基础上将营业额提升了 25%。同时，因为大家都将注意力集中到了新产品的销售上，所以那些之前模糊不清的问题浮出水面，大家也趁势提出了具体的改善策略。

事实是，大家用了一年中的两个月，也就是六分之一的时间就基本达成了目标。那些曾经为能否做到而困扰不已的职员们也通过这次事情收获了自信，不久就将新产品推上了主力商品的宝座。这就是所谓的“Excellence is a thousand details（千万细节打造卓越）”。

拿下关键人物的基本会话风格——“YES 型”

认真倾听的人是不会背叛的

沟通的秘诀在于倾听，让对方说出更多的话。既然向关键人物进行疏通也是沟通交流，那么这个秘诀也就同样适用。

有一位专业的讯问警察，他常被称为“陷阱大王”。他曾经教我，在讯问过程中最重要的是积极地倾听对方的每一句话。

如果仅是对自己想要听到的内容表现出兴趣，嫌疑人是一定不会把真相说出来的。而且，即便你知道是嫌疑人在自吹自擂，也要摆出一副饶有兴味的样子。因为就算是犯罪分子，他们也无法对着一个一直认真倾听自己讲话的人鬼话连篇的。

面对一个认真倾听自己的人，人们往往会不自觉地想要去聊一些能够让对方高兴的话题。这也是我们之前描述的“好感的互惠性”的一种形态。

据这位专业的讯问警察所说，对于全身上下都充满戒备的犯罪嫌疑人，首先应该做的就是从那些容易回答的问题入手进行讯问。当然是姓名啊，出生地什么的。问的时候必须这么说“你的名字是……吧，家是……的吧？”这样的话，对方就会用“是”来回应。

而这个“是”就是在和对方构建沟通关系的基础上，取得的极大收获。因为，只要对方回答一次“是”，下次遇到不易回答的问题时就会沉默，但对于同等水平的问题就会产生一种必须回答的心理压力。

只要通过简单的问题来不断地扩大“是”的领域，渐渐地也就能够靠近核心地带了。这样的案例可以说也是“大象技能”的一种。

对对方的反驳姑且接受并带回

在拿下关键人物的疏通中，寻求对方的肯定自不必说，实施者也要注意积极地予以对方肯定回应。

即便是被反驳，也要暂且先摆出肯定的接受态度，说上一句“您的意见很有意思”。然后带回这个反驳意见，把它体现在方案中。通常，陈述反对意见的人往往会期待自己的意见可以在方案中得到体现。

因此，如果你对此置之不理，对方则会非常愤懑。只要方案中反映出他的意见，对方就会把这个方案当成自己的事情。这样说来，通过将对方的意见一点点地反映在方案里，就可以对反对派采取怀柔策略了。

从反对派的角度出发，他们也会觉得：“对方都能让步到这里的话，我这边也该给对方点面子吧。”重视面子的疏通中就经常出现这样的案例。在高水准的疏通中也有这样的心理模式，但同时他们会确保具体的 Benefit（利益），如果利益得不到保证，也是不会得到认可的。

不管怎么说，无法得到对方的赞同，方案就可能被扼杀在摇篮之中。这时，暂且让战线后退也是一种战略。做出适当妥协，直至关键人物能够接纳。

2007 年日本《劳动合同法》制定时，提高最低薪资以及白领豁免（认可劳动自由量，没有加班费）等都被提上了议程。

政府机关的事前疏通结果是，暂且搁置劳动界内大肆反对的白领豁免的方案，优先实行《劳动合同法》基本法。政府则期待卷土重来，寻求再次提出的机会。

疏通力

十十

疏通的
18 条实务技巧

＋＋

1. 疏通的准备工作
——聆听和摸底

积极执行倾听，做好记录

说服他人是一门“巧妙地让对方和你保持步调一致”的技术。如果可以拿下反对派，使其心悦诚服当然最好，但有时对方就是讨厌配合你。

非正式的疏通中，得到他人的口头承诺并不一定就意味着成功。即使是对方食言而肥，你也无权说出“那时候你不是说了可以嘛”这样的话。因为是非正式场合的交涉，所以即便对方撤回之前的话你也没有抱怨的理由。因此，交涉过程中做笔记也好，备忘录也好，“写在纸上”这个基本动作至关重要。

说服这项工作本身就是有风险的。如果说服只是说说话（Talk）那倒没什么问题，但在你和对方一来一往的过程中，说话常常会演变成讨论（Discuss），甚至再进一步升级成争论（Debate），最后更可能演变成争吵（Argue），以至于自己费尽口舌最终却换来反对派有增无减的反效果。

由此可知，疏通的过程中，无论你如何说服对方，让对方失去话语权显然是没有任何益处的。

疏通的最终目的，是要取得对方的认可，让事情尽可能地贴近我们的预期。因此我们应该把重点放在了解对方的内心真实想法上。

这样一来，“彻底执行倾听”就成了重中之重。不是“闻”的听，而必须是“聽”的倾听。两者的区别在哪儿呢？我们来看字形上的差异。“闻”这个字形意义在于，守在门里用耳朵听，而另外一个词“聽”，字形上看则是撤去门扉，用耳朵，用心，用眼睛来听，也就是积极倾听。英语中叫作“Active Listening”。

倾听是一种尊重对方、重视对方的行为。而记录、做笔记就是这个“倾听”的具象体现，是“倾听”的可视化结果。

同样是倾听，效果却大相径庭。一边记录一边倾听，会给对方留下更好的印象，同时，在提问这个环节上也会进行得容易些。如果是一边记一边听，即便你提出“能不能请您再说一遍”这样的要求，对方也并不会产生不悦的情绪。而且你还可以边看着记录内容边向对方确认之前的表述内容：“您刚刚所讲的内容是这个意思吗？”

此外，对照前后记录的内容，你也可以提出“您现在所讲的内容与您先前所讲的主旨上似乎不是很一致”，通过发现对方陈述内容的摇摆性，从而使得双方谈论的话题趋向核心。

总而言之，疏通中做好记录，这是最基本的做法。

能够在疏通中取得胜利的都是知己者

很少人知道“知己知彼，百战不殆”的后面还有两句——“不知彼而知己，一胜一负”“不知彼，不知己，每战必殆”。

简单说来，要想在战斗中取胜，就要攻击对方弱点，守护好自己的弱点。也就是说，对敌我双方都了解透彻，打有把握的仗，这样一来，便可立于不败之地。因此，事先就必须要精密地收集应战对方阵营的情报，分析对方优劣，比较自己的优劣，在此基础上去应战就可以百战不殆了。如果是对自己的强弱之处了如指掌，对对方毫无了解的话，这场战役的胜负就是五五开，究竟哪边能够胜利在于命运。而相对的，既对自己一无所知，也没有搜集到对方的任何情报，那么逢战必输。

这里我们应该注意到的是“知己才是划分胜负的关键”。

只要做到知己，最坏的结果不过是打成平手，如果在知己的基础上又知彼，就能够百战不殆。这样看来，至少可以说保证不打败仗的关键就在于这个知己。

在疏通中，这个知己就是指要对自己以及方案相关的所有知识了如指掌。大家可以参照下表来检视这些相关知识。

知己的要点

关于自身的事情	**强**	**弱**
和对方的人际关系		
沟通能力		
自我展示能力		
忍耐力		
关于方案的事情	**大**	**小**
方案实施的效果和影响		
给对方带来的利益		
给对方带来的弊害		
自己能够让步的范围		

了解自身正确姿态的技能

只要知道自己的弱点在哪儿，就可以加以弥补。

和疏通对象的人际关系薄弱的话，在第一次面谈的时候可以让和对方熟识的人作陪，或者也可以在事前让他人介绍认识一下。若是对自己的协调能力没有自信的话，可以勤于锻炼，勤能补拙。

问题在于如何正确把握自己的姿态。

正如我之前所说的，情报往往集中在提供情报的人周围。其实了解自己的情报和了解对方的情报也是一样的。也就是不忘记 Your attitude（站在对方的立场上的姿态），这样的话情报就自然地往持续提供对于接收方有益的情报的人那边聚集了。

对接收方有益的情报并不只是指那些关于商机的消息。“我是尊重（Respect）您的”，这也是一条对接收方有益的情报。用一个极其简单的例子来说明的话就是，每天的寒暄也是“我重视你”的一个情报。

另一方面，想要得到帮助自己了解自我的情报，就不得不去扪心自问一下是否能够公开自己。简单说来，就是首先需要具备积极地自我展示的能力。

Joseph Luft 和 Havry Ingham 两位美国心理学家舍去他们

的姓氏，设立了名为“乔哈里窗”的理论模型。在这个模型里，将“自我”分成了以下四个板块：自己了解同时他人也了解的 A 开放领域，他人了解自己却不了解的 B 盲点领域，自己了解他人不了解的 C 秘密领域，以及自己和他人都不了解的 D 未知领域。我们拓宽其中的 A 区域，也就是刚刚所说的自我展示。

乔哈里窗

	自己了解	自己不了解
他人了解	A 开放领域	B 盲点领域
他人不了解	C 秘密领域	D 未知领域

2. 疏通的基本动作①——沟通技术

支撑疏通的三个“T”

事前疏通，精炼说来，可以说是由 Trust（信赖），Talk（说话），Timing（时机）这三个 T 来支撑的。

疏通也是一种广义的沟通，所以最重要的就是人们之间的信赖关系。倘若相互间是那种可信赖的关系的话，就等于在疏通中得到了极大的优势。若是能够从平常关系并不好的人那边成功获得信任的话，几乎也就可以说疏通成功了。

而构建这样的信赖关系最重要的就是说话（Talk）。

虽然说积极倾听是基本态度，但若是一直沉默寡言，双方也无法沟通。如何通过说话来引出对方的意见并让对方说出来，这是疏通中所必须具备的一项技能。咨询型是最基本的能够让对方开口的说话技巧，予以回应时，必须用正面肯定的句型，使对方感受到你的期待和敬意。

能提升信赖（Trust）和说话（Talk）效果的就是时机（Timing）。日语中有谚语说："若是迟上一些，梅花就比不上樱花美丽，正因抢先一步才有迷人芬芳。"疏通的基本思想也是"拙速胜过巧迟"。状况发生时，要把握时机，快速地动员全员。

活用三个 T 的疏通技能

信赖（Trust）	应对人际关系薄弱的对象时，依赖介绍人或中间人 展现出自己对对方的信任 真诚是最好的礼节 一定要向交涉对象做后续报告
说话（Talk）	从愉快的话题切入 寻找彼此的共同话题 发现对方可圈可点之处就毫不迟疑地赞美 不要急于推进方案 关于方案的交谈方式： 阶段 1：提起共同话题； 阶段 2：取得对问题的共识； 阶段 3：解决方案（方案详细内容）。 基本的交谈方式是咨询型，对于对方意见的反映应当是 YES 型，想要补充些什么的时候一律使用，"是的，但是（Yes，but）"的句式

续表

时机（Timing）	对于其他部门以及其他公司的疏通必须把握时机，彻底执行 报告需要定期进行，每每发生变化时及时反映 越是坏消息，越是要及时汇报 方案顺利通过后，立即前往答谢

不能用邮件进行疏通

当今是电子邮件的全盛时代。我们偶尔也会收到素未谋面的人发来的请求之类的邮件。现在，用邮件来进行疏通的人也并不罕见。

利用邮件联络的人主张邮件的有效性，比如说邮件可以一次性联络多个通信人，并且通过邮件传达的内容和日期可以留下记录，因此之后就不会因为谁说了什么，或是没说什么而引起争执。

但我个人认为，疏通不应该用邮件来进行。

这是因为，对于那些有事拜托才联系的人，邮件这种形式往往无法让对方产生好感或是信任感。

构建人际关系的基本是，即便没什么特别的事儿，平常也要询问对方的状况。而对他人有所求必须建立在这一基础之上。疏通也是有求于人的一种。若是平常就有和对方进行沟通的机会的话，应该也不会有人偏要选择用邮件来进行疏通吧。

而且，邮件作为沟通交流的一种手段，确实有它的欠缺之处。

我再三强调，沟通的要领“不在于自己要说些什么，而是How(怎样)把What（什么）传递给Who（谁）”。但若是用邮件取代语言，只要对方不给你回信，你就连对方是否看到邮件也无法确认。

即使正确地记录下“什么时候，向谁，发送了什么内容的邮件”这样的信息，也会因为无法得知对方是否接收到，而导致这对于沟通并没有任何实质上的帮助。

此外，邮件不适合长篇大论。

用邮件来确认结论非常清晰的事情，比如说何时何地见面，这样的事是很方便的，但要想用短小的文段来表达隐含微妙措辞的疏通是相当困难的。

当然，如果你对于写文章有着相当的自信的话，说不定是可以的。但你也必须明白，邮件内容可能会招致一些意想不到的误会。

综合以上理由，我认为不应当使用邮件来进行疏通。

疏通的基本原则 F to F（面对面）

疏通是在看到对方的脸之后进行的。关于这一点应该不用在此赘述了。它是基本原则，是一种礼貌的体现。不仅如此，它也是疏通能够顺利进行的保证。

比如说，你想要提出一个关于系统改善的提案，想要和对方在“现行的系统存在不称手的地方”这一问题上达成共识，却并不知实际上对方曾经深度参与了几年前的现行系统研发工作。

这样的时候，如果突然向对方提出问题，很有可能得罪对方，仿佛是特意树立了一个反对派一样。

面对面交谈的话，就可以读取对方通过表情、举止、态度所表达出的信息。并可以通过所得讯息来及时修正自己的发言。Face to Face（面对面）的沟通与 Heart to Heart（心连心）的沟通是有联系的。

在你说出“关于现行的系统”这句前置语的时候，如果对方曾经深度参与的话，就会立马露出严肃的面孔。仅凭开头一句话就严肃起来，这就意味着对方将警戒表现在了面部表情上，因此，下面的交谈就严禁涉及消极内容。

留意对方的面部表情，稍稍修正谈话内容，放弃突然提出问题，换个方式，先说“现行系统起到了大作用，是贡献度极高的系统”，再说“有一小部分并未完全发挥出其效能，若是稍加修改，做个版本提升，这个系统的完成度就会更高”。按照这样的方法推进谈话往往事半功倍。

在个人对个人的信息传达中，各种因素的影响力占比如下：传达的内容占到7%，凭借语言进行的传达占35%，而通过语言、举止、态度、声音等非语言因素的传达占58%。也就是说，对于听的人来说，对方的表情、举止、说话等方式所产生的影响力远超出说话内容。

倘若没能注意对方的表情，就直接提出问题所在。这时候，如果说话人的表情或者态度、口吻很诚实并且真挚的话，也是能够向疏通的对象传达一种信息：这并非是对系统的批判，而是出于想要把系统打造得更好的意愿。

只要面对面地满怀诚意地表达，即便不是高谈阔论，也能够让对方理解你想要表达的内容。反过来说，如果你心中有别的什么顾虑，即便你的语言组织得再好，也照样会被对方看穿的。

3. 疏通的基本动作②
——不露底牌且零违和的开场

贸贸然下结论是不行的，首先要和对方就问题达成共识

其实不仅是疏通，我们的语言表达都是有顺序的。

疏通的开场是从商量切入。虽说是商量，但没头没脑地抛出问题也绝非上策。也就是说“关于……问题的解决方案，我想要这么做，您怎么看呢？”这样的表达是不行的。因为在这个阶段，我们并不能知晓这位疏通对象究竟是赞成派还是反对派。

因此，话题可以先从客观事实切入，比如“我觉得现在我们的项目存在这样一个问题”或者“目前看来还好，但我想未来可能会出现这样的问题”。

接下来，就刚刚提出的问题，确认对方对该问题的态度。问问对方“您怎么看待这个问题呢”，如果对方回答“确实存在这样的问题呢”，与你的意见一致，这样第一阶段就可以结束了。但如果对方询问“这是怎么一回事呢”，这就意味着对方对于这个问题的看法与你有所不同，或者说你刚刚的说明并不完善，此时，就必须具体地对问题提出的背景进行详细说明，若对方对于该问题的看法确实存在异议，应该做出积极反应“原来如此啊，还有这样的看法啊”，暂且打住，把对方的意见带回后再作打算。

因此，既然名义上说自己是来找对方商量的，那么就应当尽量避免与对方就某个问题过度深入讨论。

即使对方对问题的提出表示了同意，也不能急于抛出自己的方案说“我觉得这么做挺好的”。因为这样的情况多半只是对方附和地表示同意而已，而要让对方和自己就问题达成共识则需要再多一步。这时就需要总结问题的原因。

你必须将问题的原因尽可能控制在三点以内，可能的话总结成一点，这样话题会更顺利地进行。巧妙地做出设局“我个人觉得问题的原因在于 ** 一点上，您怎么看呢？”，以此来判断对方的反应。

那些在第一阶段对问题表示认同的人，在这个阶段也可能提出异议。这时盲目说服起不到实质作用。

应当暂且表示“原来如此，也许应该这么看呢”，也就是先对对方的意见表示接纳。如果对方同意问题的提出，那么原因追究的结果与我方应该是大同小异的。因为原因追究是为了提升双方对于该问题的共识度，所以即使对方在这个阶段提出异议，我们也可以认为疏通是在顺利进行的。

对什么人问情况，对什么人问意见

对讲个人主义的人或公司进行疏通时，与对集体主义的人或组织进行疏通时，我们所需要具备的技能是不同的。

讲求个人主义的，基调是“坚持自我主张和对立”，他们偏好清晰地陈述结论，是非黑白分明。因此，和这类人进行疏通时，尽量避开模棱两可的提问，直截了当地询问对方的立场，抑或是询问对方如何才能赞成，以此来引诱对方表达出心中所想。对他们说话可以单刀直入，这样的疏通相对来说要简单些。

讲个人主义的人以“对立”为沟通前提，所以就问题进行讨论（Discuss）在他们看来理所当然。因此，即使和他们讨论也不会使疏通无疾而终。但记住一点，无论讨论进行到多么白热化的程度，也绝对不能让它升级为争执（Argue）。因此，重要的就是 Agree to Disagree（求同存异），这才是核心所在。也就是说不能顽固地坚持个人观点，不能一旦一言不合就想方设法地让对方接受自己的想法，而是要消除分歧，同意各自保留不同意见。

个人主义的人或组织习惯对立、习惯讨论，他们擅长游走于讨论（Discuss）和争论（Debate）的边界，这让那些并不擅长思维逻辑（Logic）的人渐渐地血气上涌，陷入争执（Argue）之中。

此外，很多人总是倾向于不信任那些谈话过程中不看对方眼睛的人，或是那些完全没有眼神交流的那种人。

个人主义的基本思想是“自我主张和对立”，集体主义的基本思想是“自我抑制和妥协”。因此，即使集体主义的人被要求表达个人意见，通常也都是含糊其辞。但要是话题关于所属组织，他们则会滔滔不绝。

因此，对集体主义的人提问时，主语可以不使用个人，而使用组织。比如说，我们可以不说“你的想法是什么”，改成“关于这个方案，贵部门（贵公司）是如何看待的”，借此来探求方案对于对方所在组织可能带来的利益或消极影响等等。

此时，倾听对方讲话时，就需要做到“站在对方立场上思考”。

借此让自己入手的信息无论是在量还是质上都能有一个提高。

让别人肯定的主张技术

Assertion 就是指自我主张，本来的意思是“极力主张”“强烈主张”，这里请大家理解成“在尊重对方意见的同时坚持己见”。这是为构建一个既不“自我中心”又不“过度忌讳”的良好人际关系所必需的表现。

要是不考虑对方的立场，一味地按照自己的想法或情况来打算，遇上美国人，就会收到对方一句“What is in it for me”（这对我有什么好处），然后不加理睬。相反，若是一味地优先考虑对方的所有，重要的话题就会总是止步不前。

坚持己见的基础是珍视自我，但人际关系中，在珍视自己之前则不得不重视对方。有一位交涉达人曾经说过这样的一段话。

“第一印象能够决定交涉成果。如果你对对方的第一印象是讨厌，这场交涉九成会以失败告终。相反，若是对对方的第一印象就很好，交涉多半会取得成功。因此，在和对方第一次见面前，必须先给自己一些心理暗示‘这次我要见的人喜欢我。我也喜欢他’，做完心理暗示之后再入席。”

如他所说，既然第一印象能够左右交涉的最终成败，那么，我们就应当通过自我暗示，让自己对对方有个美好的印象。我先前也说过，要构建良好的人际关系，熟识对方的情况是相对有利的。若是对对方的情况有所了解，就可以从相互都关心的话题切入。

对他人产生好感的方式，可以遵循以下原则："类似性原则"（有共同的兴趣爱好或者思维方式接近的人容易构建友好关系），也就是我们常说的"物以类聚，人以群分"；"熟识性原则"（对平时经常见的人容易产生好感）；"好感的互惠性原则"（对对自己有好感的对象容易产生好感）等等。喜欢对方的自我暗示就是利用了其中的"好感的互惠性原则"，而共同话题则是利用了"类似性原则"。

常常站在对方的立场上思考

建立起良好的人际关系，就可以达成完美的沟通。但也就要求，站在对方的立场上思考，也就是"穿上对方的鞋的感受"。英语中的表达就是"Putting oneself in the other person's shoes"，站在对方的立场上来思考，就可以看到对方面临的状况，了解对方无法赞成的理由，也自然会知道自己该做些什么才能让对方认同。

按照下表，若对方是“整体赞成，部分反对”的意见，针对这部分内容，将自己和对方都能认同的部分写入 A，将自己认同而对方否定的部分写入 B，将对方认同而自己否定的部分写入 C，将双方都否定的部分写入 D。然后，将写入 B 和 C 中的主张再进行分解，将其中能够写入 A 的部分就放入 A，尽可能地把对方都认同的 A 部分扩充壮大。也就是保留双方都否定的部分，扩大双方能够达成共识的部分。

	对方说 YES	对方说 NO
自己说 YES	A	B
自己说 NO	C	D

通过让双方共同认可的领域在视觉上不断增长，让对方产生一种向着共同目标发展的伙伴意识，疏通就可以说是临近成功了。

在两人一组的疏通中，过度的角色分担反而会有负面效应

正如之前所说，公务人员都是两人一组来进行疏通的。

尽管疏通基本上都是一对一，但两人一组也并不是坏事。

疏通时，来的人数越多，有时也会让对方觉得自己受到了足够的重视，因此，对方并不一定会觉得存在压迫感，也并不一定会心情不好。另外，要想分析对方的反应，比起一双眼睛，两双眼睛看得更透彻，提出的看法也会更公允。再者说，两人齐心合力总好过单枪匹马，至少这样可以起到强大内心的效果。

Two heads are better than one.（三个臭皮匠赛过一个诸葛亮）

但不得不说的是，协调工作进展到最后关头，或者在进行一些推心置腹的疏通时，基本上还是一对一的形式，这点还是要区别看待的。

在协调会上，通常都是年轻的那个负责记录，他们一般不会发言，也不提问，只专心致志地低着头做记录。因为这份记录是之后分析对方本意和妥协点的珍贵数据，所以他们出发前主管都会做出指示说："一字一句都不能遗漏。"

至于提问，一般都是由看上去年长些的前辈来执行。

这样的角色分担怎么看都像是政府部门的作风，我觉得这大抵还是有效的。但这种一人提问，另一人低头拼命记录的景象，在商务场合中还是显得有些唐突的。

既然名义上说是来征询别人意见的，这么一来，如果看上去怎么都像是处理事务一般，明显是来打探情况的（事实上确实如此），那么成效必然大打折扣。

即便事先确定好提问和记录的角色分担，记录人还是要时不时地对对方的话附和一下，哪怕点一点头也是好的。在话题中断时，也可以适当地提问，以便化解尴尬。

两人一组各司其职自然是不错，但疏通到底还是沟通的一种形态，要想事情顺利进行，用心给对方留下一个好印象才更为重要。

4. 疏通的基本动作③
——结束的技巧

“我得到 ** 的 OK 啦”信息的提出方式和看准时机的方式

若是成功疏通一名具有影响力的关键人物，对之后的进展绝对是有利的。对那些举棋不定的人说一句“** 先生（小姐）已经同意了”，说出关键人物的姓名，效果立竿见影。对那些有不满意见的人立刻说出：“要是 ** 先生（小姐）也同意的话呢？”他们多半也是会转念认同方案的。

这类做法对各种类型的人都有效。不过，要想说出关键人物的姓名作为自己的王牌，一定要充分地考虑时机。

我们不得不注意，将关键人物已经认同的消息告诉对方可能也会让对方产生一种被胁迫的感觉，比如说“他都赞成了，你也尽快吧。如果你不这么做的话就会被大家孤立的”。这是因为疏通的基本是“询问”，而上述行为无异于是从咨询跳过“请求”这一阶段，一口气踏入“施压”，自然是会让对方感到不适的。

我想，如果刚一见面就被要求“** 已经同意了，你也快点服从我的意见吧”，谁都会反感的吧。或者在对方觉得“应该可以赞同吧”的时候，突然收到类似于以上那样命令式的话语，反而会让这些人态度强硬起来吧。

总而言之，说出关键人物的姓名来施压，可以理解成是对于那些棘手的对象的“最后一张王牌”，摊出这张牌之前务必三思。

疏通时展示出的方案最好是三选一

进行疏通时，若太急功近利，通常容易功亏一篑。因而，在第一阶段，只要做到“查明问题的原因”就可以结束。在这个阶段，暂时中断协调，将对方的意见带回也并无不可。如果对方比较精明，已经看穿你的真实意图并非找他们商量，而是疏通，并反问你：“那么接下来，你想怎么办呢？”这个时候该怎么应对呢？

我总结出的应对方法有两个。

其一，如果对方是明显的赞成派，并且对你的方案也表现出赞同，这时候我们就可以坦白自己此行的目的，向对方直截了当地说明“解决问题的计划和方案”。

另外一个应对方案就是，向对方陈述“我将以今天从您这儿得到的宝贵意见为基础，认真思考，下周（基本上是一周以内）前总结好自己的解决方案，然后再来正式拜访您”，暂且结束当时的交谈。

针对以上两种应对方案，利用前者的人往往较少，大家多半倾向于选择后者。要知道，疏通中急于求成的多半落败。

仔细回味疏通对象的话（这时笔记就能帮上大忙），判断对方的想法是否与自己的想法有所冲突，在此基础上，提前准备好三个方案。这就是“三选一原理”。

为什么是三选一呢?

试想，如果解决方案只有一个，就等于是赶鸭子上架，硬是要对方给出明确结论。而如果我们事先准备好三个方案供对方选择，在对方看来，做出选择的是他的“主体行为”。这显然比别人逼着他对一个方案做出决策要好得多。

事实证明，与单纯的一句“请您选择”相比，“我们有这个，这个，还有这个，请您选择”这种如同菜单一样的提示型语言，更能促使对方做出选择。

此外，因为疏通是针对很多人进行的，这些个体间的意见总是会有些差异。要减少这些差异，并让差异得以聚集，提供三个选项绝对比只给一个选项更容易让对方选择出“比较接近自己看法”的方案。

因此，务必牢记，制作三选一的方案时，方案本身可以独具特色，但核心部分必须保持一致。

疏通中，低空过半数未必能赢

假设疏通的对象为 7 名，取得其中 4 人赞成就可以说是过半数，如果是多数表决制，结果就是 4 比 3，胜。

当然，疏通的结果是旨在达成全员赞成。但这并不意味着全员最终都能成为赞成派。这时，就需要我们巩固得票，确保最终能够取得胜利。

那么，究竟要握住多少赞成票才能说疏通成功了呢？我认为，只有取得全体的 75%，也就是四分之三的赞成票，才能稳操胜券。

议会表决时，只要取得过半数，就一定是赢了。比如说，7 人中 4 人赞成 3 人反对，四对三，虽然仅是一票之差，但还是过半数，赢了。试想，如果赞成派中的其中一人临时改变态度，结果就会变成三人赞成四人反对，瞬间胜负逆转。而在事情的进展过程中总是会伴随着一些预料之外的突发状况，根本无从知晓下一秒会发生什么。因而，在边界状态下，实在是不能判断疏通能否成功。

我之所以说要取得 75% 的赞成票，就是出于这样的原因。如果能够取得 75% 的赞成票，即便是遭到反对派的离间，也很难改变局势，更何况人们都有想要取得多数的心理。此外，就算剩下的 25% 的反对派之中有强大的关键人物，面对 75% 和 25% 这样两者间存在很大差距的局势，关键人物的影响力也极其有限。

总而言之，如果我们实在无法获得 100% 赞成票的话，就把目标设定在 75% 以上吧。

疏通的唱票原则

赞成	反对	判定
5	5	败
6	4	胜败难料
7	3	具备获胜优势
8	2	胜
10	0	疏通应当达到的目标

勤于汇报，坏消息要尽早告知

取得协商对象的同意之后，如果疏于报告，就等同于不重视对方。这种行为绝对会损伤千辛万苦建立起的人际关系。

勤于报告总强于报告不足。报告不足在对方看来，就是自己被抛出视野之外，这样一来就会让对方觉得“离去者日日疏远”，最坏的状况就是引发信任危机。而另一方面，诚实地做出报告的人就会让人感到“日渐可爱”。

美系企业都会给自己的员工灌输“坏消息尽早告知”的观念。“ファースト[1]”有 fast（快）和 first（第一）两个意思。相反地，好消息可以晚一些说，说得夸张点，不说也无所谓。

坏消息，报告得越晚事态就会越糟糕，弄不好就会错过处理的最佳时机。所以，可能的话，最好在对方从他人处得知之前要尽快通知。今天发生的事一定要在今天以内通知，这是重点。如果能够快速正确地报告事态，那么调查和分析就必然不会花费太

[1] 因为日语中有外来语，用片假名书写。这个片假名可以对应两个英文词，也就是 fast 和 first。

多时间。请时刻记住“拙速胜于巧迟”。

听到好消息会身心愉悦，听到坏消息则心情凝重。所以告知对方时，要尽可能地选用冲击力小的措辞。但“Honesty is the best policy（正直是最好的策略）”，所以最好的做法是，不去考虑这样那样的修饰语，也不要加入自己的主观看法，坦率地报告实际情况。

其实，我们没有必要过度地恐惧坏消息。换个角度思考，坏就是孕育好的珍贵材料，必须要让自己内心保持积极向上的状态。

此外，如果是一对一进行的疏通，只要对方开口表示认同，这个认同就算是一个公开承诺了。只要没什么重大变化，对方也会下意识地以为，自己是提案者中的一员。

因此，第一时间得知坏消息的对方，很有可能会尽力协助你让事态好转。结果，自然就是可以尽快整理情况，不会让事情发展到一发不可收拾的地步。很多时候，正是这个“坏消息尽快告知”才是决定将对方推向敌方还是揽进自己同盟队伍的关键所在。

得到一次 OK 并不是目标——疏通的规划图

日本著名的古典作品《徒然草》中有个故事叫作“高明的爬树人”。讲述的是一个被称为“爬树达人”的植树匠人的故事。这位匠人为了教会自己的弟子如何调整枝丫振动幅度，就让弟子爬上树去。奇怪的是，弟子登高作业过程中这位匠人并不说一句“当心”，反而是在弟子结束作业，下降到距离地面还有两米左右时，才会出言提醒。

人们在登高途中，或是身处能够明显感觉到危险的高处时，会十分当心，此时的危险系数也就不高。真正危险的是从高处下来时，尤其是到达可以跳下来的那个高度时，最容易精神松懈。

这其中的理由就是这样。

因此，这位爬树高人在他弟子下降到可以跳下来的高度时第一次出声提醒他“不要松懈，小心下来”。

也就是说，当人们认为“都下到这儿了应该可以安心了”的时候，往往是最危险的。疏通也是一样，若是因为已经得到对方的私下许诺而有所懈怠，那么结果极有可能前功尽弃。

疏通的规划图

疏通准备阶段………疏通对象的情报收集

▼ 人际关系薄弱的情况下，寻找介绍人和中间人

疏通开始……………第一次面谈（询问意见）

▼

第 2 次疏通…………方案调整和意见调整

▼ 将疏通的意见进行分类

可以反映到方案里的就予以反映

实施增加赞成派的疏通

后续跟踪和关怀要随时进行：根据方案推进情况或者状况变化来进行汇报

第 3 次疏通………方案巩固（巩固方案的最终形态）

▼ 为获得稳定多数而再进行疏通

决定

5. 疏通的应用技术①
——探寻微妙真心话的方法

事前的试探是出色疏通的第一步

有些人习惯什么事都直言不讳，但即便是他们，也不会在疏通的阶段就坦言自己的真实想法。

虽然他们比那些即便询问也不予回答的人要容易沟通得多，但在寻找妥协点这件事上，同样难以进行。

正如先前所说，欧美人，特别是美国人，他们倾向于一开始就平心静气地给出那些让人无法接受的条件，对于他们而言交涉的基本就是“被拒绝之后才开始”。他们会冷不防地先提出一个高价，遭到拒绝后再往下调整。其实无论是哪种类型的人，都希望可以尽可能地在高价时成交，只不过双方在手法上不同。

举个例子来说，对于一件卖一万日元还有利润的商品，美国人一定漫天要价，一开口就是五十万日元，而即便日本人要狮子大开口，最多也只会说个两万日元。

正式疏通的现场，是可以因无法协商而离席走人的。但因为无法准确得知对方的真实想法而愤然离席，就会使得所有的话题戛然而止。这样一来就完全失去了进行疏通的意义。

暂且先把对方过分的要求看作是拳击中的刺拳一样，然后用对方要求的三分之一来探听看看吧。

如果对方对此表示“这样肯定不行”，这个时候做出一个短暂的沉默（最少一分钟），让他们自动吐露心声。

这也是因为先前所说的，性急的人不擅长应对沉默，所以会无法忍受对方的静默从而渐渐地把自己的真实想法吐露出来。一旦得知妥协点，疏通就算是成功八成了，接下来的疏通过程中无论对方如何抬高条件，我们只需要坚持接近妥协点的那个值就行。

在进行疏通的过程中，对于具有欧美思维习惯的对方来说，提价时最为核心的一点就是“不必客气”，这类人没有客气的概念，所以一开价就是狮子大开口。碰到这样的对手时，如果还讲什么客气，只会让他们变本加厉，让他们蹬鼻子上脸地再说出不讲理的要求来，这显然与我们的意图背道而驰。

在从上而下的疏通中，“下情上通”效果出奇

疏通不仅在横向关系中进行，也有在纵向关系中进行的。而纵向关系中，有时也可能会出现以下属为对象进行的疏通。疏通并不都是以主管为对象。

由上级向下属进行的疏通一般是以指示命令或者是建议提议的形式进行。疏通是一个特例，应该如何做实在使人困惑。

从上而下的疏通写成四个字就是“上意下达”，此时应当注意的是上面的意思要正确地全面地下达。

“沟通交流中最重要的并不是你向谁说了些什么，而是向谁传达了什么”，这就是说，信息发出者无论口头说了些什么都是没有任何意义的，重要的是信息接收方如何理解接受。这一点就是上意下达的沟通要旨。

另一方面，由上而下的疏通要旨写成四个字就是“下情上通”。

“下情上通”正如“通晓下情（了解平民的生活和状态）”这句话所表达的主题一样，是指身处上位的人们理解身处下位的人们的情况和想法。上意下达和下情上通原先是一对词，过去的人们通过这样的表达也能大致把握组织特征。总的说来，由上位者向下位者进行的疏通中重要的并不是一味地强调“我想这样，想那样”，硬是把这种主张强加给别人，而是要专心地倾听他人的意见，尊重他人。

更不要因为年龄的关系，对于比自己年轻的人就摆出一副趾高气扬的模样，要用平等的视角来与每一个晚辈接触。交谈过程中，也要时不时对对方的话表示附和，点点头，说一句“言之有理”来予以适当的回应，或者一面听一面认真记录，通过行动来展示出认真倾听的模样。同时，尽可能地给予对方直抒胸臆的机会。当对方是异性时，要注意与对方保持一人距表示尊重，当然过度在意性别差异也是不可取的。

一般来说，中年人的组织思维能力很强，并不十分在意权威。他们有时候甚至要比年轻人更客气。因此，面对地位或者头衔比自己低的下位者，只要对方是中年人，与之接触时务必做到从始至终带着敬意尽量压低自己的身份。

出于立场考虑，指示或者命令都可以毅然决然地下达，但态度必须保持恭敬。

能够拿下目标的文书制作法

疏通的最终局面上，为了避免结论的“强买强卖”或是强制接受，要制定三选一计划。但如果这三个选项各执一词，毫无共同性，可能就会让对方困惑不已。这样一来反而要耗费更多的心力做调整。因此，这三个选择必须要设计得清晰得当。个人认为可以通过下面这些方法实现该目标。

这个方法就是：从初次疏通时了解到的对方的意见中，找到与自己的计划相通的部分，以此为基础，将它划分成“时间（长期是多久，短期是多久）”“规模（是大规模还是小规模）”“效果的程度（大还是小）”这三块内容，最后根据这三块内容制定出三个备选方案。至于快点做还是慢点做，往大了做还是往小了做，这类问题则可以具体情况具体分析。如果希望效果显著那就大干一场，若是只想小试牛刀，那就浅尝辄止。所求有差，但在执行上其实并没有大不同。这样一来，“事情的本质”就不会有大差别，制作出三个选项也就顺理成章。

如果一开始就反映出太多的意见的话，事件本来的面目就会变得不明朗。因此，为了能够让对方轻松进入状态，一定要适时提出自己已将各种意见缩小至一个范围的“妥协点”。

有些人会将疏通最后落到书面请示环节。在事件相关的当事人眼中，请示书里有无反映出他的意见，是关系到自尊心的。若他的意见没能得到反映，对方当然会愤慨，最坏的情况就是成为反对派。但反过来，若是把全员的意见都反映出来的话，汇总资料将变得困难重重。这就是困扰之处。

其实，疏通现场只有在场的当事人知道谁说了些什么。至于对其他人进行的疏通是怎样的，只有疏通实施者明白，被实施的人们是无从知晓的。

因此，当大家拿到请示书时，只要当中有接近自己意见的表述，自然就会被认为是自己的意见。即使它是和他人的意见调和之后的产物，他也不会这么想。但凡是有一些接近自己意见的表述，他们就会自动解读成“自己的意见被采用了”。

6. 疏通的应用技术②
——弱势时，你的两大逆转秘技

从疏通对象处获得支援的技能

如果双方在平常的交际中就能够构建起伙伴关系，那么疏通时，双方之间也会产生一种接近于“伙伴”的关系。

建立这种关系的好处就在于，对方有可能成为你的“同盟”。只要持续尊重对方，甚至为维系关系不惜接连做出让步，即使对方是那种一味索取的人，久而久之，也会产生一种“想要对你的让步做出回报”的意识。

当话题进展到已经不能再做让步的临界点时，我们就可以试着决然地奔向对方的怀抱，坦白告诉对方“我真的有困难。您有没有什么好的解决方案呢？请您告诉我吧。”注意！这时如果你没有提出明确的要求（对方怎样做才可以救你），这一招就不管用了。

人有时候会有“穷鸟入怀，猎人不杀”[1]的一面，全世界不管哪里的人都是一样。若双方已经建立起基础的人际关系，那么对方向自己提出救援请求时，人们往往都是会拉上一把的，这是人之常情。但要是人际关系尚未建立就一味摇尾乞怜，自然只会让别人讶异。因此，能够建立相互信任的关系十分重要。如果平日里又懂得适当让步，一旦有事向对方提出建议或者救援请求时，自然就不会让对方感到不舒服。

向疏通的对象寻求帮助，在疏通文化中，被看作是“撒欢[2]”，所以大部分进行疏通的人偏向于舍弃这样的做法。但我认为如果这是最终胜利的有效手段，那么即便是“撒欢”也应该战术性地活用。

重点是，如何才能看出自己和对方是否已经构建起了充分的信任关系或建立了不错的交情。为了判断这一点必须要有恰当的尺度。直截了当地说，这个尺度就是你自己。“你是否对对方足

---

[1] 中文解释为“恻隐之心，人皆有之”

[2] 这里是指利用人际关系，不管不顾地扮可怜。

够信任呢？你是不是欣赏对方呢？”也就是说，你自己对对方的印象，正是衡量你们之间关系的准绳。如果你信任对方，对方自然也信任你。这就到了该去相信自己感性的时候了。

这样一来就会引发一种奇妙的攻守逆转现象，只要能够向对方请求援助，这一次为了解决问题而存在的让步底牌就换在了对方手中。拼命地思考解决方案，寻找妥协点，这些一下子就都成了疏通对象的工作了。

大胆地进行沉默战术，效果显著

当会议上无人发言，静悄悄的时间超出一到两分钟，一定会有人打开话匣子，说些可能毫无意义的话，目的只是为了打破沉默。

除了盘腿打坐这种特殊情况，人们能够忍受沉默的时间其实相当有限。如果懂得将计就计，把握住对方这种“难以忍受”的情绪的话，有时候也可以让它成为给予对方强力一击的武器。但能够巧妙应用沉默的人并不多见。

虽说是沉默，其实它也是一种传达某种特定意义的沟通方式，也就是所谓非语言沟通。但和类似于借表情来传达喜怒这些非语言沟通不同，沉默传达的意思总是依赖对方的理解。

如果对方只是因为自己在说话而静静倾听也就算了。要是自己的话已经说完，对方依旧保持沉默的话，那必然是有深意隐含在其中的。“莫非是不高兴了？说不定生气了，或者是决定放弃了？”对方沉默的时间越久，我们的判断就会越混乱。

要是无法读到对方的真实想法，人们总会开始想最坏的结果。如果此时不能决出胜负的话，不就要遭遇意想不到的痛苦了吗？人们总是觉得失败的后悔之痛要远远强于同等程度的成功之喜，所以比起期待成功，人们往往会因为惧怕失败而从胜负台上自动退出。

疏通对象的内心深处也是有些弱点的，沉默就是在刺痛这个软弱的部分。

即使对方已经立于高地，甚至对你不屑一顾时，只要你持续一两分钟的沉默，他们就会渐渐陷入不安。你越是沉默，这种紧张不安就会越膨胀，这种感觉就会渐渐变成一股强大的压力。当对方想要打破沉默时，肯定是他担心自己的弱点被攻击。

此时，为了摆脱内心的忐忑，他就会开始想“我刚刚是不是说得太过了，稍稍妥协点应该也行吧”。而越是身处强大立场的人，被推向劣势的时候就越软弱。总而言之，沉默真的是效果奇佳的心理战术。

成为有话语权的人！

++

最后定胜负的果然还是

“人格魅力”

1. 让疏通力升级的人格魅力养成计划

成为一个“出色疏通人”的条件就是做好个人意志和明确的目标意识之间的平衡

疏通当中重要的是大局意识

我在本书的第一章节也提及，无论是哪个国家，他们在日常工作的范畴上并不需要具备强烈的疏通意识。

只有要实施一些异于寻常的事情，比如执行跨部门业务，投入大笔预算或人力耗损巨大的工程等等这样一些在日常业务的扩展中也鲜少出现的案例时，才能体现出疏通的必要性。

也就是说，例行性的工作往往事先就已经知道结果，所以并不需要得到全体人员的一致意见。但若是处理那些不去做就无从得知结果的事情，又或者那些伴随着风险的事情时，集团上下的意见统一就很重要。

坦白说，需要疏通的事情都是“冒险”的，因此确切来说，没有一个人可以确保最终一定是喜剧收场。

因此，最终决定疏通成败的，与其说是细致的技术理论，倒不如说是疏通人是否具备宏观视野，或是否具备高瞻远瞩、统筹全局的能力。事实上，那些“出色的疏通人”并不会大肆宣扬结果，他们只会努力从大局出发去敦促自己完成现阶段应当完成的任务。

那些高瞻远瞩的话，听上去总是显得如沧海一粟般微不足道。因而，倘若话语中没有“人物的重量”，就无法击中对方的心。正因为此，人格魅力才倍加值得珍视。

“出色的疏通人”的六大条件

我在强生担任社长时，曾经就自己和员工应当具备的人格魅力这一点，做出过一番思考。构成人格魅力的要素具体是什么呢?具备了怎样的能力之后才是拥有了人格魅力呢?

最终我得出的结论就是以下六条：

A（Aggressive）积极＝具备昂扬向上的品格，拥有积极的思维以及态度

B（Balanced）平衡＝具备可信任的知识和见识

C（Cooperative）协调性＝可以促成团队合作

D（Determined）意志坚强＝信念绝不可曲，也不可断

E（Energetic）精力旺盛＝自己充满活力，也能够给予他人活力

F（Flexible）可变通＝可以积极地倾听他人意见并予以采纳

再将以上六条归置在“个人主义社会中的必要要素”和“集团主义社会中的必要要素”两大阵营中，就有了下表中这样的分组。

【个人主义社会中的必要要素】	【集团主义社会中的必要要素】
A（Aggressive）	B（Balanced）
D（Determined）	C（Cooperative）
E（Energetic）	F（Flexible）

若是将这个分类中的特征落实到疏通所需要的人物形象上的话，给大家的印象应该是，集团式的疏通需要的是能够遵循“以和为贵”原则，考虑全体利益，协调性和灵活性很高的人。另一方面，个人主义式的疏通需要的则是能够独自一人开辟荒野，具备开拓进取精神的，具有坚强意志的人。

其实无论是哪种风格的组织，他们都希望协调者能够同时具备这六大条件。

人会因为他人而得到历练！磨炼人格魅力不惧身处修罗场

勇于向困难发出挑战的人会成长

高山晋作有一句诗，大意是“能够让你在无趣的世间活得精彩的，是你的内心”。（其实这句诗前半句是高山所作，后半句则是由一位僧人野村望东尼所添，乃是二人合力之作）

能否在这无趣的世间活得精彩，取决于你的内心。同样的，我也希望大家在艰难的疏通之中，能拥有将它视为一种享受的心态。

之前我列举出了种种人格魅力所应当具备的要素，其实它们中的每一项都是我们潜在的特质。但若是要具备足以影响他人的人格魅力的话，就必须要去磨砺这六条要素中的每一条。有句话“磨难使人睿智”，还有一句“玉不琢不成器”，就是这个道理。

正如钻石得靠钻石雕琢的道理一样，人也是要依赖他人来磨砺的。只有和那些比你更具备人格魅力的人接触，身处在伴随着结果和责任的修罗场内，才能够让魅力提升。

因此，一个人年轻的时候，就要勇于挑战一些困难的工作，去尝试着向自己讨厌的人或者不善应对的人进行疏通。并且要从心里意识到，这些事情都是磨砺自己人格魅力的绝好机会，不断去尝试，不断去突破。

用一句口头禅改变意识

“意识改变，态度则改变；态度改变，习惯就会改变；习惯改变，人格就会改变；人格发生改变，人生则会改变。”

意识就是我们大脑的所思所想。要改变人生，原先的意识很重要，在这个意识的延长线上有态度和习惯，养成正确的习惯，人格也就随之变化，结果可能让自己的人生变得非比寻常。这样一种流程的渊源就在于意识。因为人是一种很擅长自我暗示的动物，所以平日里常常宣之于口的话，其实可以强烈影响到自己的意识。

把“我做得到”作为口头禅的话，人就会想象自己可以，从而涌出自信，但如果总是想着“我不行”，往往就会塑造出一个消极消沉的自己。因此，平时就应该尽可能地避开那些消极的表达，努力地选用积极向上的话。这样，渐渐地就会诱导自己形成一种用积极的意识去认识事物的习惯。

首先要从意识到之前介绍的六条“ABCDEF”开始。在内心反复地表达出“我是积极的”“我有平衡感”“我有协调性”“我意志坚强”“我朝气蓬勃活泼开朗”“我处事灵活”。这六句也就是“辅助人格魅力形成的祷告语”。

另外，我再来介绍几个把平常大家比较容易脱口而出的消极语言转换成积极语言的具体例子吧。

将消极言辞转换成积极言辞的例子

消极语言	积极语言
我很忙	我很充实
进展不顺	我正在通往成功的途中
我讨厌……	我正在发掘……的魅力所在
我没时间	我会努力挤出时间
我失败了	再努力一些就能顺利了
我觉得好累	毕竟好好努力了一把

总结过去的成功，回忆自己的“初心”

越是失败的经验越是让人记忆深刻

现在，我每年都会去日本各地演说数十次。虽然演说大抵上都能受到好评，但有时候前来听讲的人也会要求我分享一些失败的经验。他们认为，与其去询问他人的成功之道，倒不如问问失败经验，也许能从中学到更多。

这样的想法就让我联想到“卧薪尝胆”的故事。

春秋末期，吴、越两国，展开了激烈的战争。越王勾践战败，为不忘记失败的屈辱，他每日睡在柴草之上，食用苦涩的熊胆，通过将自己置于苦痛之中来牢记自己曾经受到的屈辱，鞭策自己卷土重来。

在这个“卧薪尝胆”的故事中，还有一个美人，她就是被命运捉弄于吴、越两位君王间的中国四大美人之一——西施，在此我们不加赘述，只说这个关于失败教训的事。

有本书叫作《劝学失败学》，由此可见，大家对于从失败之中可以学习到许多这个事实是没有异议的。

但在大家的印象里仿佛总是能够记住成功，而对于失败则是即刻就忘。我对于这点有不同观点。

我们真的会立刻忘记自己的失败，而清晰地记得成功的经验吗？我试着回忆了自己的过去，发现即使是发生在我 20 多岁时的事，我至今也依然能够记得当初是如何失败的，从事发原因到经过，当时的光景无一不历历在目。

与之相对的，关于成功的那些经历，即便是记得成功的事实，也很少能够正确地记忆事件的背景或是经过。所以于我而言，失败比成功更能让我印象深刻，记忆持久。

试着写出自己记忆中的成功经验

既然失败的经验是我们想忘记也忘不了的，而成功的记忆总是容易被遗忘。所以我们还是有必要留下自己成功的记录的。

这些应当被记录下来的成功经验并不仅仅是指疏通，而是指人生所有的成功经验。清楚地记录下成功经验，一定可以从中寻找到规律。找到规律，只要确保之后的行为按部就班，循序渐进，自然就可以万无一失。大多数失败都出于过于自信或是傲慢而导致的疏忽和粗枝大叶。因此，即使没有找到其中的规律，只要模仿过去的成功案例，就可以避免过度自信或者傲慢乘虚而入。

如果过去的成功经验已经被埋藏于记忆深处，那么就请你试着努力回忆，并把这些记忆一一写下来。

只要写下什么时间、在哪儿、和谁、做了什么、为什么要那么做这些信息，就可以渐渐地回忆起那些已经快忘记的东西。这样的做法其实类似于一项被应用在心理疗法中的技术，叫作“退行催眠[1]”。也就是通过自己对过往的追溯，来唤起自己对于忘记的那部分事情的记忆。在此，我希望大家可以通过此法想起“初心”。

“生手中头彩”，就是因为初次尝试，所以他们在处理任何事时都能够谨慎恭敬地完成。特别是在对人的疏通中，抱着一个初学者的恭敬态度，让对方产生好感，这一点非常重要。

对于那些还未能让自己的人格魅力得到提升的人们来说，这个“初心”就是强大的武器。要想解锁自己的成功体验，就请总结过去的成功，回忆自己的“初心”。

[1] 退行催眠是指，在深度催眠状况下，被催眠的人的意识状况会退行到过去某一个生活阶段。

2. 凭借人格魅力让事情照你的意思进行

人格魅力不是技能而是实力

人们总是想去相信什么人

人心时常会动摇。朝令夕改的事情绝非少数。大多数人都不会认为自己的想法是百分百正确的。

就经济上的利害得失而言，即便短期看来负面影响比较明显，但长远看来转化成正面影响的案例也不在少数。这世上的许多事情无法通过数学性的判断来得出正确答案。

即使你乘上一匹良驹，也并不意味着你一定能靠它取得最终胜利。

因而，在这样的不确定性之中，人们就会得出下面的结论。

对错最终就是自己判断的问题。这样一来，与其自己判断“这个是对是错”，不如通过判断“说这是对的那个人是不是值得信赖”来决定。

这样的结果就导致人格魅力成了人们决定“跟随谁前进”的重要条件。

因为大多数人都不能对自己的判断持有百分百的信心，所以总是会倾向于相信谁，或者是相信一些东西。这也是人的一个弱点吧。

人们在做出判断时经常会迷惘，容易被较为感性（Emotional）的东西所动摇。而对人类而言，最为感性的东西，就是一个人的人格或品行，以及在这个延长线上的行为和行动。

所以，当人们在一个人身上感受到一种超出个人利害得失的、更为庞大的东西（也就是第二章节中的 Cause，即大义）时，人们也会本能地决定“跟着这个人走”。

总而言之，人们有时会将追随自己信任的人的言行，凌驾于自我判断之上。即便这个人并没有说一句劝服的话语，大家仍旧愿意追随到底。

奋不顾身的疏通是领导风范的王牌——二宫尊德

破釜沉舟，奉行使命

二宫尊德是江户末期的农村实践家。小时候名为金次郎，截至昭和四十年代，日本全国的小学的校园里，都有一尊背着木柴读书的二宫金次郎的像。

尊德原来是小田原藩下的一个农民，有一日，他的才能被领主所挖掘，而后这位领主便命令他复兴一个经济困顿的落魄村庄。尊德作为农业指导者，被任命为村子里的治世。

尽管起初尊德严词拒绝，但最终还是被迫接受。在赴任前，他就数次探访这个需要重建的村落，通过住进民宿来向村民们打探消息。那时候，村民们所说的，尽是一些不得不让人觉得复兴已是无望的消息。

但即便如此，尊德依然离开故乡出发前往。

出发之时，尊德对自家的住所和财产进行了处理。有个词叫“破釜沉舟”，也就是自发地放弃一切退路，让自己陷入一种除了在那个村落寻求生存之道外别无他法的紧迫处境之中。

在村子里任职后，尊德将变卖房产和家中财物的钱，以及自己所有积蓄全部交付给了村里。全数充当复兴村落的资金。

光是看他的这一行为就已经是十分感性（Emotional）了，任职后的尊德每天早上比谁都更早地下地，比谁都晚归，睡眠时间比任何人都短，而他也从不间断地持续着这样的生活。

无人不被他这样的事迹所动容。

挽回声誉是重建的开始，也是目标

这个村落在尊德就任前，已经经历过几个指导者了，他们都尝试过重建村落，但每次都以失败告终。长此以往，村民们也渐渐失去了信心，对未来绝望，已经习惯于一种慵懒倦怠的生活了。

尊德是一名农业技术员，所以他看出这个村子的土地有着充足的生产能力。但事实是，村里的收成却没有利用好土地的生产能力，原因只能是一个，那就是村民们没有干劲。尊德认为要重建村落，首先不是提升农业技能，而是重新建立起村民们的意志力。

重新建立意志力的第一步就是让村民们找回自豪感。

尊德在村落重建之时，不但拒绝政府减免年贡，还拒绝接受政府的资金援助。这是因为他立志要让村民们“带着作为一个人的尊严，走自己的路”。

这片土地并不是不毛之地。村民们也并非天资愚钝。只是因为接连的厄运让人们备受挫折，让他们失去了希望，还有最重要的自豪感。因此，如果村民们能够找回曾经的自豪，村子自然就能得以重建。尊德就这般确信着。

本已经万念俱灰的村民们在看到这位指导者每日的辛勤劳动之后，渐渐地有了情绪上的动摇。他们被尊德的人格魅力所打动。

村人们看着尊德，终于想起了“去做自己此刻应该做的事”的重要性。他们羞愧于让自己倦怠的生活，开始追求可以让他们自豪的生活。

尊德对于这些村民们来说，就是一本活的教科书，是村民们应该效仿的榜样。

默默地投入自己所有的私人财产，默默地投入到农业实践之中。尊德用行动走进村民们的心，他大声告诉村民“去做自己此刻应该做的事吧”。尊德的行为可以说是向村民们进行了一场成功的疏通吧。

“漫步经营”是极致的疏通技巧

社长的工作就是对现场的员工进行疏通

“漫步经营（Management by Wandering Around）”这个概念来源于本部在美国的信息通信企业 Hewlett-Packard（HP 惠普）的两位创始人比尔·休利特和戴维·帕卡德的日常行动。

惠普公司，有着尊重员工重视团队合作的良好风气。这两位经营者确信“无论在怎样的情况下，人们总是希望从事更好的工作，只要有适当的路径或者支援，人们就可以从事好的工作”，因而他们就经常信步前往工作现场，询问员工们意见，并且把这个行为发展成为日常。“漫步经营”就是因他们这种行为而得名。

日本的“现场主义”和这个概念很接近。

高层经常出入现场，听取员工们的意见，可以让员工们相信自己和公司是一体的。即便公司处于危难时期，员工也能够肩并肩和公司共渡难关。事实上，惠普公司也确实渡过了几次难关。像这样高层经常出入工作现场，询问员工意见的行为，可以说就是为了让全体员工认同并实践公司的政策（惠普公司将它称作

“HP way”）的一种疏通方式。

落在敌营阵中的派遣社长

这是很久之前的事了。我结识了某财阀集团下的一家公司的常务。在这位常务成为公司高层前的某个时期，曾经被指派到财团旗下一家金属制造厂担任社长。

他等于是空降社长。当时派遣他的董事下达的命令是：重建这家金属制造厂。同时，告知他“如果你无法重建，或者你认为不可能完成重建的话，立刻对工厂进行清算”。虽说是分公司，但规模并不小，拥有的职工数超出 300 人。也就是说，这 300 个职工以及他们家人的生计重担全部压在了这位空降社长的肩上。

走马上任的第一天，理应在早会上向大家打招呼的他站上讲台，发现到场的人额外的少。他粗粗数了一下才发现，只有大约一半的人到场了。而且这些聚集的职工脸上丝毫看不出欢迎的意思，完全就是一副过来“看看这个‘来让公司完蛋的社长’是谁”的模样，“听听他的寒暄之词”。

从这大约 150 名的职工那里，他只能感受到敌意和反感。不难想象，那些并未参加早会的职工们一定也是一样的心情。那是他第一次感到自己到了一个多么糟糕的地方。

但他并未因此打退堂鼓。他深知，如果不能完成重建，这些职工们的生活就会陷入困境。既然已经接下了这个重担，就必须承担作为一个社长的责任。如果不去做当下自己应当做的事，实在有损自己作为社长的尊严。

他向干部员工提出了要求，希望他们就“目前公司存在的问题”以及“如何才能转亏为盈”这两点提出方案。同时，每天坚持出入工作现场，和职工们搭话。说是搭话，其实不过是简单的寒暄或者有时对他们的工作状态做出评价，都是些无关紧要的事情。职工们的反应显得很冷淡。

用现场的支援来挑战大家都认为不可能的事

他努力地思考，是否有办法可以使每月的生产量较之前平均水平提升 20%。只要提升 20%，就可以使公司转亏为盈，就不会面临倒闭。因此，正如我曾经在把新产品推上主力产品时用的方法一样，他也采用了“大象技能”。

首先，“确定好某个月份，把订单集中在那个期间，实验性地做出超出截至目前平均水平的 30%”。如果可以瞬间实现 30% 的提升，那么持续下去的话，20% 提升就变得可以实现了。当然，这个想法遭到了干部们的反对。大家都认为，别说是 10%，就连维持现状都已经困难重重了，30% 根本就不可能。因此，他的计划几乎没有进展。

然而，某一天，当他像往常一样出现在现场，一个中年职工主动上来打招呼。他在工厂里面持续走了三个月，被职员们主动搭话还是头一回。

“我读了你写的书。”

他从正式工作以后就写了几本书。只是，他写的书多半是些人事制度的专业书籍，并不是一些容易理解的书。即便如此，这位中年职工偶然在书店里发现了这位总是和自己主动打招呼的人的书，想着“他一直跟我打招呼，但我并不知道和他说些什么好。读了这本书的话，兴许能有个搭话的契机”，于是就读了这本难懂的书。

这位社长是一个心思细腻的人，因而对于这件事很是感激。而且，自从这位职工向他主动搭话以来，每每走进工厂，向他打招呼的人渐渐多了起来。这以后的某一天，他向职工们说出了自己的“一个月提升 30% 的生产量”的计划，并向他们征求了意见。

其实他心里想，连干部都反对的计划，这些现场付出辛劳的职工们根本不可能同意，但还是不死心地试着问了问。结果，果真没有人立马表示赞同，但大家的反应还是善意的，并且向他显示出了愿意合作的姿态，“虽然很辛苦，但如果你无论如何都想做的话，大家会努力配合的。”

得到了现场职工们的声援后，这位新社长将“一个月提升 30% 的生产量”的计划实行月份定在了三个月后。这就意味着三个月后，将要实行一个月内将生产量提升 30% 的重大事件。职工们也都斗志昂扬，干部们也积极地投入到了这个大事件当中来。

实行月里的整整一个月时间，大家都是前所未有的忙碌。就连赞同他的那些职工们也都向他发出了悲鸣：“社长，这样的事，以后可不能再有了，仅此一次。”一个月后，大家齐心合力的结果是，当月的生产量比平均提升了 31%。

虽然只是一次的成功，但达成了既定目标却即意义重大。这以后，这家分公司一点点地增产，从这位社长上任以来，一年多的时间里，生产量已经稳定提升了 20%。

这也可以说是他对现场进行疏通的结果吧。

拥有着丰富人生观和深度洞察力的人能够出色地完成疏通

出色的协调者是不会说细节的

在我的朋友当中，还有这么一位疏通达人。不管多难的案子，只要他出面疏通了，就一定马到成功。

我们认识的时候，他还是一家重工业厂家的总务部长。他曾公开表示过，自己的工作就是和董事们吃饭。之后，当他自己成为董事之后，他又说这次自己的工作变成了和外面的人吃饭。

他的疏通十有八九都是在饭桌上进行。于他而言，饭局就是确保疏通顺利进行的最佳场所。

他在疏通时有个特点，就是从不说细节。

他常常简洁明了地概括出方案的背景事件。不去说公司的事情，而是说整个业界。不去说现状如何如何，而是说将来会怎样。这就是他的疏通风格。虽然话题一旦宽泛之后各论点就显得难以捉摸，但他绝不在个别论点上浪费时间。而那些被疏通的对象也不会问及个别论点。

但即便如此他依然可以获得大家的认可。这恰因为，大家对于他身上体现出来的那种不以私欲或个人情感所动的人品，以及他具备的胆识有着强烈的信任。

“识”有三种：“知识”“见识”“胆识”。

“知识”就是指，通过自己的见闻或者读书而得到的信息或数据；“见识”就是在知识的基础上，加上 POV，也就是自己的思维想法。而在这个见识的基础上再加上决断力和执行力就是“胆识”。

说得浅显些就是，他对于那些董事也好，同行也好，顾客也好，都是可以一眼就定性的。可以说他是个有声望的人。

出色的协调者成为公寓管委会理事之后

这位出色的疏通执行者退职之后，成为一所公寓管理委员会的理事。管理委员会的工作就是要调整好住户之间的利害关系，通过实现部分最佳而达到整体最佳的效果。但是，每一位住户都有他们各自不同的情况，所以利益权衡很是吃力。

再者，虽说是管委会理事，但身份上和这些住户是对等的，表面说是有什么特别权限，实则毫无用处。

这位理事就被迫在这样毫无权威、毫无权限的现实下，让那些发生口角时都只会自说自话的公寓住户们达成共识。虽说他原先是大型厂家的董事，但眼下的对象是住在同一所公寓的住户们，原先的权威自然就不适用。他在成为管委会的理事时，自己也意识到这会是一个苦差事。

那时候，他所在的公寓正因为是否要进行耐震工程而发生意见分歧。如果实行耐震工程，不仅是公寓的公共场所，就连各个住户的私有空间可能都会纳入工程范围之内。费用自然也不会少，因此住户们被分为赞成和不赞成两派。

但因为耐震工程无法只在部分区域内实施，所以必须全员达成一致意见。管理组织出于对住户们的安全考虑，向大家提出了耐震工程的必要性，但大家并未因此达成一致意见。

他作为理事负责这个难题，没想到一出手，事情竟然顺利地解决了。就连以前的理事们尝试说服过无数次的难题，只要他出手，之前的那些顽抗之声仿佛像是撒的谎一样，一下子全部变成赞成了。

他去见反对派的那些住户时，对于耐震工程的事情只字不提。

说的尽是些闲话家常。认真倾听对方的话，并且努力去理解对方的想法和情况。有时候会帮别人出主意，会去探访那些身体不适的人。

对那些希望为子孙后代留下点积蓄的人，他就会说耐震工程可以让这个公寓升值。他谈话的内容涉及到耐震工程的仅此而已。

他向大家说的都是，无非也是住户全体都要安全居住等等，依然如先前一样，都是些宽泛的话。但就这样通过与每一位反对的住户沟通，他所具备的胆识让反对的人们对他产生了信任，也是这个动摇了那些反对的人们。

• 结 语 •

软实力，达成硬目标

成为企业高管或者企业领导人不该是人生最终的追求。背后的理由以及达成目标后应该做些什么才是关键。高管或者领导人的地位不过是为达成某个目标的手段。即便你运气好成了社长，倘若毫无志向和抱负，那么也就没有身处这个位置的意义了。如果仅是成为这样一位领导人，人们不仅不会用高端人士来称呼你，恐怕还会非议和责难。

疏通也是同样的道理。如果只是让疏通顺利进行，也并就有任何意义。在组织内工作，疏通是必须具备的能力，这一点毋庸置疑。但如果不具备完成工作本身所需的技能以及对于工作的热忱，也将无法充分达到疏通的效果。

但是，正如有许多人会以坐上社长这把交椅为目标，对于这个高位坚决不肯放手一样，人们往往也容易陷入对疏通的顺利度决定一切的误解或错觉之中。

在企业社会中，利用人情关系在组织内混迹有时是可以得到一定地位的。在这一点上，疏通对于在组织内工作的人们而言，可谓是不容忽视的技能。

但是，疏通技能本身并不是通往成功的唯一手段。仅凭疏通技能出色是不可能晋升上高管之位的。即使晋升成功，也必不会持续太久。疏通是协调手段，至于走哪条路则是由走的人的意识决定的。如果仅有专业技能，而缺少意志力和热情，这个人的步伐则很难稳当。

但无论你身处怎样的组织，当你想要做些具备革新性抑或是挑战性的事情时，一定会受到组织内部的阻力。想要突破这一层阻力，就需要相当的爆发力，有时甚至还会因此受到伤害。如果抵抗一侧的力量过于强大，就有可能将这一侧摧毁。而这个时候需要的就是本书中介绍的疏通力了。